AF453524

MÉTHODE

DE

PLAIN-CHANT

SELON LE RIT ROMAIN,

SUIVIE DES

PRINCIPES COMPARÉS DU CHANT MUSICAL,

Par l'Abbé A. Martel,

Prêtre du Diocèse de Fréjus.

DEUXIÉME ÉDITION, CORRIGÉE & AUGMENTÉE;

Honorée de l'Approbation de Mgr Joseph-Henri JORDANY,
Évêque de Fréjus et Toulon.

Quoniam rex omnis terræ Deus,
psallite sapienter. *Ps. 46.*

Omnis laudet spiritus Dominum.
Ps. 150.

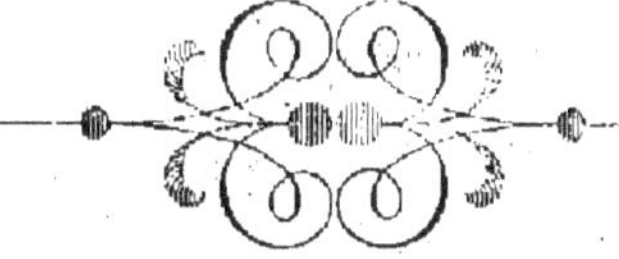

FRÉJUS

IMPRIMERIE ECCLÉSIASTIQUE D'ESPRIT PERREYMOND.

1857.

MÉTHODE

DE

PLAIN-CHANT.

Nous Joseph-Henri JORDANY, Évêque

de Fréjus et Toulon,

Sur le rapport détaillé qui nous a été fait par une commission de personnes très-compétentes, reconnaissant que la *Méthode de Plain-Chant* composée par M. l'abbé Martel, aumônier de notre communauté du Bon-Pasteur de Draguignan, joint à des principes et aperçus nouveaux qui rendent extrêmement facile l'étude du plain-chant, tous les avantages qu'on doit trouver dans un ouvrage de cette nature;

Voulant donner au pieux auteur une preuve de notre bienveillance particulière, Approuvons la présente Méthode et l'Adoptons pour nos Séminaires et autres Établissements religieux de notre Diocèse.

Donné à Fréjus, le 4 août 1857.

✝ JOSEPH-HENRI, *Év. de Fréjus et Toulon.*

MÉTHODE

DE

PLAIN-CHANT

SELON LE RIT ROMAIN,

SUIVIE DES

PRINCIPES COMPARÉS DU CHANT MUSICAL,

Par l'Abbé A. Abartel,

Prêtre du Diocèse de Fréjus.

DEUXIÉME ÉDITION, CORRIGÉE & AUGMENTÉE ;

Honorée de l'Approbation de M⁰ʳ JOSEPH-HENRI JORDANY,
Évêque de Fréjus et Toulon.

Quoniam rex omnis terræ Deus,
psallite sapienter. *Ps.* 46.
Omnis laudet spiritus Dominum.
Ps. 150.

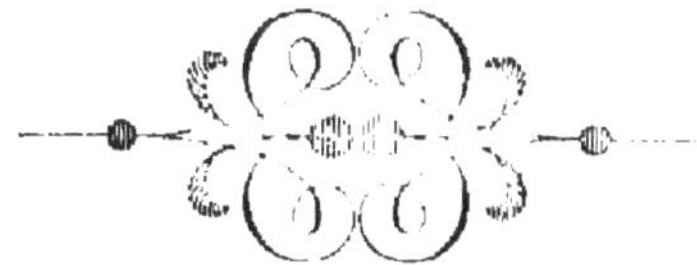

FRÉJUS

IMPRIMERIE ECCLÉSIASTIQUE D'ESPRIT PERREYMOND.

1857.

PROPRIÉTÉ.

PRÉFACE.

Le chant est une des parties les plus importantes du culte divin : il élève, par l'intermédiaire des sens, les esprits et les cœurs jusqu'au
trône de Dieu dont il célèbre les louanges. Rien
de plus édifiant dans nos cérémonies sacrées,
rien de plus majestueux que ses graves et sublimes accents. Quel est le cœur chrétien qui ne
se soit ému en assistant à nos religieux concerts?
Combien de fois le cœur même endurci par le
mal n'a-t-il pas tressailli, et cédé enfin à leur
pure, suave et puissante influence? On sait l'importance qu'y attachent les ministres de la divine
parole dans les missions et les retraites, et quand
ils veulent produire une vive impression sur les
âmes pour les arracher aux attraits séducteurs
du vice, et les porter à l'amour et à la pratique
de la vertu.

Mais il faut l'avouer, le chant ne saurait produire ces résultats si précieux au point de vue
de la religion et de la morale, qu'à la condition
d'être exécuté par des voix *nombreuses* et *exercées*. Quoi de plus triste, en effet, que d'entendre

quelques voix isolées et trop souvent discordantes chanter sans élan et sans goût les louanges de ce Dieu dont toute bouche comme toute langue devrait célébrer la gloire! Oh! quand nous sera-t-il donné de revoir ces temps heureux où, selon la parole des saints docteurs [1], les fidèles de tout sexe, de tout âge et de toute condition, n'avaient qu'une voix comme une seule âme pour offrir au Seigneur, dans leurs pieuses mélodies, le tribut de leurs adorations et de leurs louanges! Temps fortunés, qui préludaient aux temps plus fortunés encore où deux des plus saints et des plus illustres Pontifes, saint Ambroise à Milan [2], et saint Grégoire-le-Grand à Rome [3], mettaient la main à ces immortels chefs-d'œuvre du chant liturgique, riche et précieux héritage que l'Église, de génération en génération, transmettra avec son culte jusqu'à la fin des siècles !

C'est pour concourir à ce travail de restauration du chant religieux qui, depuis quelques années surtout, tend à se propager, et qu'anime le zèle de nos Pontifes [4]; c'est dans le but de

(1) Saint Basile-le-Grand, saint Jean-Chrysostôme, etc., au 4ᵐᵉ siècle.

(2) Vers la fin du 4ᵐᵉ siècle.

(3) Vers la fin du 6ᵐᵉ siècle.

(4) En 1846, Mᵍʳ Parisis a publié une instruction pastorale fort remarquable sur le chant de l'Église. — Le 1ᵉʳ mai 1852, Sa Sainteté Pie IX a encouragé par un bref les travaux du P. Lambillotte sur le chant grégorien.

le populariser, en le rendant plus accessible, que.
sur les demandes qui nous ont été faites, nous
publions une 2me édition de notre méthode (1).
Puissions-nous complètement réussir! Puissions-
nous, du moins, contribuer en quelque manière
à la pompe du culte divin, en facilitant l'étude
si importante et si agréable du chant ecclésiastique!

(1) Parmi les ouvrages que nous avons consultés, et où l'on
pourra puiser les développements désirables, nous signalons,
entre les plus récents :

Les *Vrais principes du chant grégorien*, par l'abbé N. A.
Janssen, — 1845 ;

Le *Cours complet de chant ecclésiastique*, par l'abbé Céleste Alix, — 1853 ;

La *Méthode complète de plain-chant d'après les règles du
chant grégorien*, par Félix Clément, — 1854 ;

Le *Cours complet de plain-chant*, par Adrien de La Fage,
— 1855.

MÉTHODE

DE

PLAIN-CHANT.

Chant en général.

Le *Chant*, en général, est une suite de *sons* produits par l'élévation ou l'abaissement de la voix d'après certaines règles.

Pour représenter les *sons* l'on se sert des *notes*.

Dans le *Plain-Chant*, les sons doivent se suivre d'une manière *unie*, *simple* et *grave*, selon ce qu'exprime le mot (*Planus Cantus*).

Le *Plain-Chant* est appelé *Chant Grégorien*, à cause des améliorations importantes et des règles constitutives que le pape saint Grégoire-le-Grand y introduisit vers la fin du sixième siècle.

PREMIÈRE PARTIE.

PRINCIPES.

CHAPITRE Iᵉʳ

NOTIONS FONDAMENTALES.

ARTICLE Iᵉʳ

PORTÉE, LIGNES, ESPACES, DEGRÉS.

On donne le nom de *portée* (1) aux quatre lignes horizontales et parallèles sur lesquelles et entre lesquelles on place les notes.

Les *lignes* se comptent de bas en haut. La première ligne est donc la plus basse.

Les *espaces* ou *interlignes*, au nombre de trois, sont contenus entre les lignes.

Chaque ligne et chaque espace forme un *degré*.

Portée.

4ᵉ ligne. ______________________________
3ᵉ ligne. ______________________________
2ᵉ ligne. ______________________________
1ʳᵉ ligne. ______________________________

ARTICLE II.

CLEFS, LEUR NOMBRE, LEUR USAGE, LEUR POSITION.

Il y a deux sortes de *clefs* : la *clef* d'*ut* et la *clef* de *fa*.

(1) La *portée* est ainsi nommée parce que les notes qu'elle est susceptible de recevoir, à partir de la note au-dessous de la ligne la plus basse jusqu'à celle au-dessus de la plus haute, répondent à la portée d'une voix ordinaire.

Elles servent à déterminer les notes qui se
trouvent sur les différentes lignes ou dans les
espaces, de cette sorte : en supposant, par exemple, la clef d'*ut* posée sur la quatrième ligne,
toutes les notes placées sur cette ligne seront
des *ut*; de là, suivant l'ordre naturel des notes,
il faudra, en montant, dire *ré* sur les notes posées
au-dessus de la ligne ; en descendant, il faudra
dire *si* sur les notes posées à l'espace au-dessous
de la ligne où est la clef, *la* aux notes qui seront
sur la ligne qui vient ensuite, et ainsi jusqu'au
plus bas degré. — Cette observation doit s'appliquer à la clef de *fa*.

La clef d'*ut* peut se poser sur les quatre lignes
et la clef de *fa* sur la quatrième, la troisième
et la seconde ; la clef de *fa* sur la seconde ligne
produit le même effet que la clef d'*ut* sur la quatrième. — L'une et l'autre se placent au commencement de chaque portée.

ARTICLE III.

BARRE, GUIDON.

La *barre* est une ligne perpendiculaire que

l'on place entre les notes. On en distingue trois
sortes :

La *petite barre* qui sert à séparer les mots ;

La *grande barre* qui marque le repos ;

La *double barre* qui se met après l'*intonation*,
devant les *neumes* [1] et à la fin des morceaux
de chant ; placée dans le corps d'un morceau,
elle indique ce qui doit être exécuté par un chœur
différent ou par l'orgue.

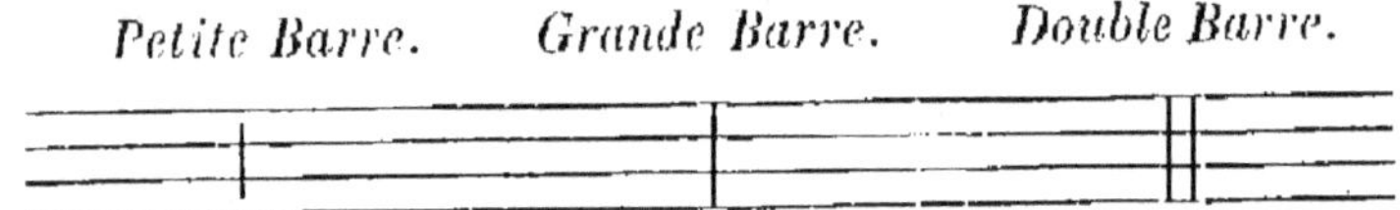

Le *guidon* est un signe qu'on pose à la fin
des lignes et des espaces pour faire connaître
d'avance la première note de la portée suivante.
— Il s'emploie encore, dans le cours de la portée,
pour indiquer la note qui vient après un changement de clef. — Le *guidon* ne se chante point.

(1) On entend par *neumes* les modulations prolongées de la
voix sur une même syllabe ; on les rencontre particulièrement à
la fin des *alleluia* qui terminent les *graduels*.

ARTICLE IV.

NOTES, LEUR NOMBRE, LEUR POSITION, LEURS ESPÈCES
ET LEUR VALEUR.

On appelle *notes* les caractères ou signes dont on se sert pour représenter les sons.

Elles sont au nombre de sept qui sont, dans leur ordre naturel : *ut, ré, mi, fa, sol, la, si,* en montant ; et *si, la, sol, fa, mi, ré, ut,* en descendant.

L'invention des syllabes *ut, ré,* etc., qui servent à désigner les six premières notes, est attribuée à Gui ou Guido d'Arezzo, moine bénédictin italien, au onzième siècle ; il les tira de la première strophe de l'hymne de saint Jean-Baptiste : UT (1) *queant laxis,* etc. — Le *si* fut inventé, selon les uns, par Le Maire, au 17ᵐᵉ siècle ; selon les autres, longtemps avant ; et d'après le cardinal Bona, par Ericius Dupuis, contemporain presque de Gui d'Arezzo.

Avant le onzième siècle, les sept sons primitifs étaient indiqués par les sept premières lettres de l'alphabet, dans cet ordre :

A, B, C, D, E, F, G.
la, si, ut, ré, mi, fa, sol.

Les notes se posent sur les lignes et dans les espaces. — On peut les redoubler en mon-

______

(1) Les musiciens modernes ont substitué à l'*ut* la syllabe *do.* Nous conservons l'*ut* par une raison de convenance religieuse, et en outre parce que, dans la solmisation, il importe d'exercer les élèves à émettre les sons sur la voyelle *u* comme sur les autres voyelles.

tant, et dire : *ut*, *ré*, *mi*, *fa*, *sol*, *la*, *si*, *ut*, *ré*, *mi*, etc.; on peut aussi les redoubler en descendant, et dire : *ut*, *si*, *la*, *sol*, *fa*, *mi*, *ré*, *ut*, *si*, *la*, etc., de cette sorte :

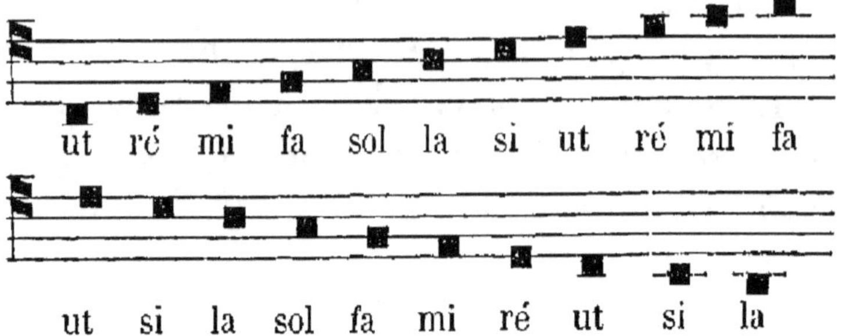

Les petites lignes qui indiquent le *mi* et le *fa* au-dessus de la portée, et le *si* et le *la* au-dessous, s'appellent *lignes supplémentaires*.

Si les notes devaient s'élever trop au-dessus de la portée, ou descendre trop au-dessous, alors, pour ne pas trop multiplier les lignes supplémentaires, on aurait recours à un changement de clef.

Avant le onzième siècle, l'on se servait, pour réitérer les notes, en montant, des minuscules, que l'on doublait au besoin dans cet ordre :

a, b, c, d, e, f, g, aa, bb, cc, dd, ee.
la, *si*, *ut*, *ré*, *mi*, *fa*, *sol*, *la*, *si*, *ut*, *ré*, *mi*.

Il y a quatre espèces de notes : la *double*, la *longue*, la *commune* ou *carrée* et la *brève*. — La prolongation du son sur une note double s'appelle *prolation*.

La *double* vaut plus que la *longue*, la *longue* vaut plus que la *carrée*, la *carrée* vaut plus que la *brève*.

Prolation.

ARTICLE V.

GAMME NATURELLE OU DIATONIQUE ASCENDANTE ET DESCENDANTE.

On entend par *gamme naturelle* ou *diatonique* une série de huit notes disposées selon leur ordre naturel, et formant cinq tons et deux demi-tons, soit en montant, soit en descendant. — La gamme naturelle s'appelle *échelle diatonique*; elle peut commencer par l'une des sept notes indistinctement. — Il peut donc y avoir jusqu'à sept gammes ou échelles diatoniques différentes les unes des autres, à cause de la position des demi-tons naturels qui varie dans chacune d'elles (1).

Le mot *gamme* vient de la lettre G que l'on appelle *gamma*, en grec; elle terminait l'ancienne échelle, et elle fut ensuite redoublée pour lui être ajoutée au bas, et l'augmenter d'une huitième note ou *octave*.

Nous donnons ici seulement la gamme en *ut :*

(1) Ces diverses *échelles* forment le *système diatonique* sur lequel est basée la *modalité* du chant grégorien.

Gamme en Ut.

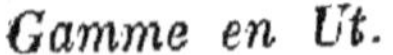

ARTICLE VI.

TONS ET DEMI-TONS.

La gamme renferme cinq *tons* et deux *demi-tons*. Ainsi, de l'*ut* au *ré*, il y a un ton; du *ré* au *mi*, un ton; du *mi* au *fa*, un demi-ton; du *fa* au *sol*, un ton; du *sol* au *la*, un ton; du *la* au *si*, un ton; et du *si* à l'*ut*, un demi-ton.

Outre les demi-tons *naturels mi-fa* et *si-ut*, il y en a d'autres occasionnés par un bémol ou un dièze, et que l'on nomme *accidentels*. (Voir Art. IX, pag. 16.)

Le demi-ton est environ la moitié d'un ton [1].

ARTICLE VII.

UNISSON, INTERVALLES, DEGRÉS CONJOINTS ET DISJOINTS.

Quand deux ou plusieurs notes qui se suivent,

[1] Le ton se divise en neuf parties ou *commas* que l'on distingue d'une manière sensible au moyen d'un instrument appelé *Monocorde*. Le demi-ton comprend ou quatre de ces parties, et alors il est *mineur*; ou cinq, et alors il est *majeur*. Les auteurs n'étant pas d'accord lorsqu'il s'agit de *préciser* quels sont, parmi les demi-tons naturels et accidentels, les demi-tons majeurs et les demi-tons mineurs, nous abandonnons cette théorie; et pour la pratique, nous nous bornons à dire que le demi-ton est *environ* la moitié d'un ton.

sont sur le même degré, de manière à exprimer un même son, il y a *unisson*. — Quand deux notes qui se suivent, sont sur le même degré, mais de manière à exprimer deux sons différents, comme lorsque la seconde note est précédée d'un bémol ou d'un dièze ; ou bien sur deux degrés différents, quelque rapprochés ou quelque éloignés que soient ces degrés, il y a *intervalle*, c'est-à-dire, distance d'un son à un autre son.

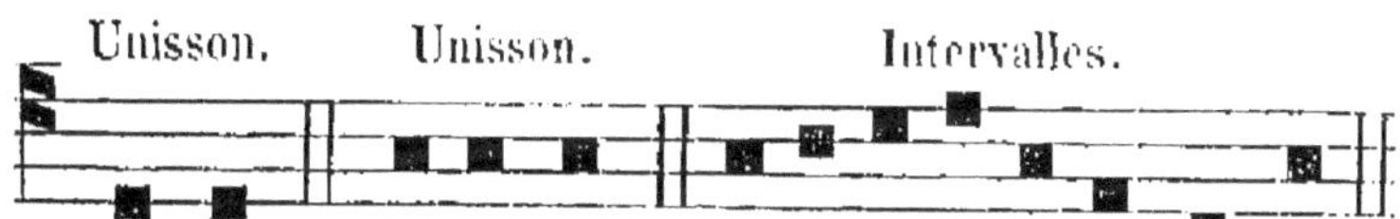

L'intervalle de deux notes qui se suivent immédiatement, c'est-à-dire, d'un degré au degré suivant, soit en montant, soit en descendant, s'appelle *intervalle* par *degrés conjoints*. — L'intervalle de deux notes qui ne se suivent pas immédiatement, s'appelle *intervalle* par *degrés disjoints*.

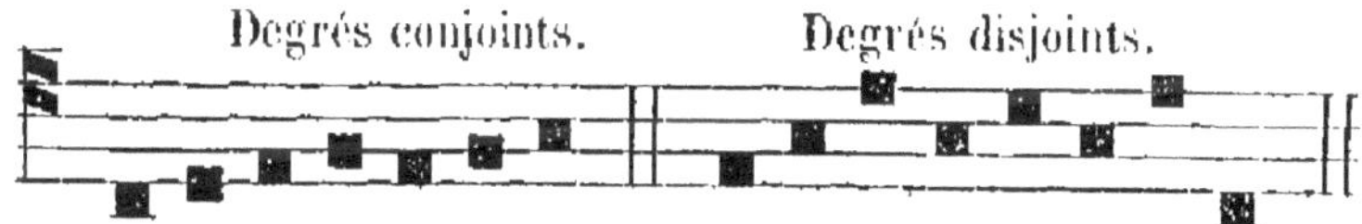

ARTICLE VIII.

SECONDE, TIERCE, QUARTE, ETC.

Deux notes qui se suivent immédiatement, font une *seconde*, comme *ut*, *re*. Lorsqu'elles se suivent de telle sorte qu'on en pourrait mettre entr'elles une troisième, elles font une *tierce*, comme *ut*, *mi*. Si entr'elles on en peut mettre deux, elles font une *quarte*, comme *ut*, *fa*, et ainsi des autres. — La *seconde* occupe deux degrés; la *tierce* trois, la *quarte* quatre, la *quinte* cinq, la *sixte* six, la *septième* sept, et l'*octave* huit. — La *sixte*, la *septième* et l'*octave* ne sont pas usitées dans le chant grégorien.

Seconde. Tierce. Quarte. Quinte. Sixte. Septième. Octave.

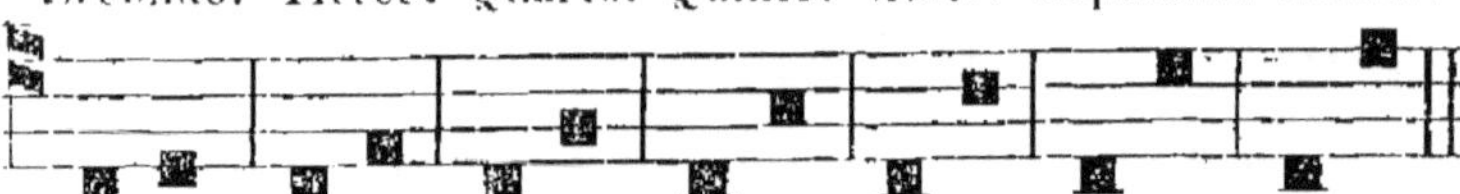

Si dans les degrés d'une tierce il se trouve un demi-ton, ce sera une *tierce mineure*, comme du *re* au *fa*, du *mi* au *sol*, etc.; au contraire, s'il n'y a point de demi-ton, ce sera une *tierce majeure*, comme du *fa* au *la*, du *sol* au *si*, etc.

ARTICLE IX.

BÉMOL, DIÈZE, BÉCARRE.

Le *bémol* sert à faire baisser d'un demi-ton la note devant laquelle il est placé. — Il est *continuel*, s'il est placé immédiatement après toutes les clefs d'un morceau de chant; et alors toutes les notes posées dans le même espace baissent d'un demi-ton, dans toute la suite du morceau, s'il ne se rencontre point de bécarre. — Il est *accidentel*, s'il ne se trouve que de temps en temps dans le cours d'un morceau, et alors la note seule qui suit baisse d'un demi-ton. — D'après les règles du chant grégorien, le bémol ne doit se mettre que sur le *si* (1), et seulement dans les deux cas ci-après indiqués.

Le bémol a été ainsi appelé de la lettre B ou *b* qui correspondait autrefois au *si* (pag. 9 et 10). — Quand on voulait adoucir la note en la baissant d'un demi-ton, on l'appelait *b mol*; quand on la remettait à son état naturel, on l'appelait par opposition *b dur* ou *carré*, d'où l'origine de la forme et du nom du *bécarre*.

Les anciennes méthodes donnent au *si* bémol le nom de *za* pour le distinguer du *si* naturel. Dans plusieurs nouvelles méthodes on se borne à indiquer la différence de son du *si* naturel au *si* bémol; mais l'un et l'autre portent également le nom de *si*.

Il est deux cas où le bémol doit être rigoureusement employé pour éviter un effet désagréable à l'oreille et que le plain-chant rejette d'une manière absolue, savoir : 1° lorsqu'il se rencontre un intervalle de *quarte augmentée* appelé *triton* à cause des trois tons qu'il renferme, *fa si, si fa*; en baissant le *si* au moyen du bémol on obtient une *quarte juste* composée de deux tons et d'un demi-ton; 2° le bémol doit être également employé pour éviter l'intervalle de *quinte diminuée* appelé *fausse quinte* à cause qu'elle ne renferme que deux tons et deux demi-tons (c'est le renversement de la *quarte augmentée*); en

(1) Dans le chant musical, le bémol peut se mettre indifféremment devant toute note.

baissant le *si* au moyen du bémol on obtient une *quinte juste* composée de trois tons et d'un demi-ton.

Le *dièze* [1] élève d'un demi-ton la note devant laquelle il est placé.

Le *bécarre* sert à détruire l'effet du bémol et du dièze. Il rétablit la note dans son état naturel.

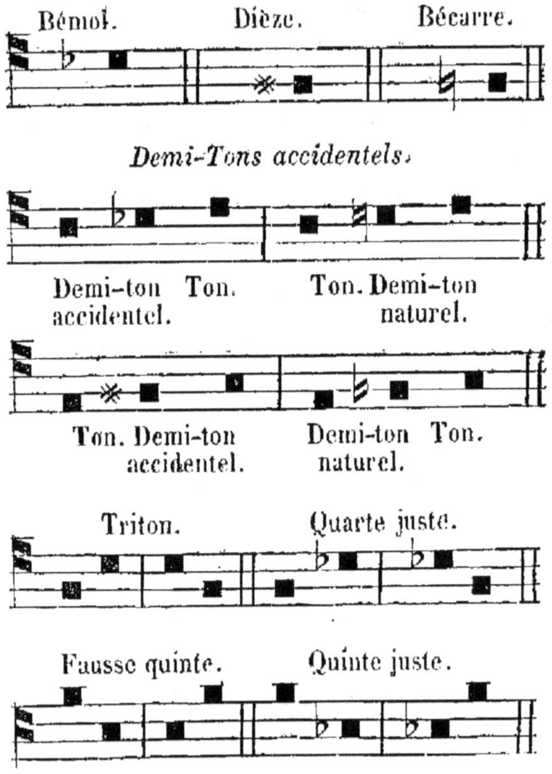

(1) Sans entrer dans la discussion qui s'est élevée parmi les auteurs au sujet de l'emploi du dièze dans le chant grégorien, nous en donnons ici la définition, attendu qu'il est d'un usage fréquent dans le chant musical dont nous donnerons les principes à la suite de cette méthode.

CHAPITRE II.

EXERCICES.

Nous traiterons en quatre articles des exercices de la *lecture*, de la *solmisation*, de la *vocalisation* et du *chant*; nous joindrons un cinquième article sur l'*étude spéciale des clefs*.

ARTICLE Ier

LECTURE.

Les divers articles du chapitre précédent ont dû être l'objet d'une simple étude; les élèves n'ont pas dû chanter. Il importe en effet de ne pas anticiper, et de procéder avec ordre, si l'on veut obtenir des progrès faciles et rapides. Il faut donc que les élèves se résignent à bien posséder, avant tout, les *notions fondamentales*. A l'aide de ces premières notions, ils pourront, sans beaucoup de peine, s'habituer à lire les notes en désignant chacune d'elles par la syllabe qui sert à la nommer. — Ce premier exercice qui consiste dans une simple *lecture* des notes, devra être prolongé jusqu'à ce que les élèves soient parvenus à désigner immédiatement par son nom la note qui se montre à leurs yeux. — Pour rendre cet exercice plus profitable, nous proposons de le pratiquer exclusivement sur une seule clef, par exemple, sur la clef d'*ut*, quatrième ligne (1).

(1) C'est sur cette même clef que devront se faire les exercices de la *solmisation*, de la *vocalisation* et du *chant*. —

2.

Voici maintenant la manière de procéder et de réussir dans ce premier exercice.

Il faut d'abord voir la *clef*, et la *ligne* sur laquelle elle est posée. — L'on se rappelle que les *lignes* et les *espaces* forment les *degrés* sur lesquels on pose les *notes*. L'on se souvient en outre que, par *degrés conjoints*, les *notes*, de bas en haut, se suivent naturellement dans cet ordre : *ut*, *re*, *mi*, *fa*, *sol*, *la*, *si*, *ut*, *re*, *mi*, *fa*, etc.; et en descendant : *ut*, *si*, *la*, *sol*, *fa*, *mi*, *re*, *ut*, *si*, *la*, *sol*, etc. — La clef d'*ut* étant donc posée sur la quatrième ligne, les notes situées sur la quatrième ligne seront des *ut*; et en montant, celles qui seront immédiatement au-dessus, des *re*, sur la ligne supplémentaire au-dessus de la portée, des *mi*, etc.; en descendant, les notes posées sur le troisième espace seront des *si*, sur la troisième ligne, des *la*, etc. — Si les notes se suivent par *degrés disjoints*, l'on supplée mentalement les notes intermédiaires, et l'on parvient sans peine à connaître le nom de chacune des notes que l'on veut lire.

Ces indications données, l'exercice de la *lecture* des notes ne présente plus de difficulté, et nous

L'on se convaincra par l'expérience que les élèves, lorsqu'ils auront appris à *lire*, à *solfier*, à *vocaliser* et à *chanter* parfaitement et sans hésitation sur cette clef qui aura servi comme de point de départ et de comparaison, n'éprouveront presque pas de difficulté à se familiariser en peu de temps avec les autres positions de la clef d'*ut*, et avec la clef de *fa*.

livrons aux élèves les notes sans mettre au-dessous de la portée leurs noms respectifs ; ils auront la satisfaction de les découvrir eux-mêmes.

NOTES SELON LEUR ORDRE NATUREL.

INTERVALLES PAR DEGRÉS CONJOINTS ET DISJOINTS.

Secondes.

Tierces.

N.º 3.

Quartes.

N.º 4.

Quintes.

No 5.

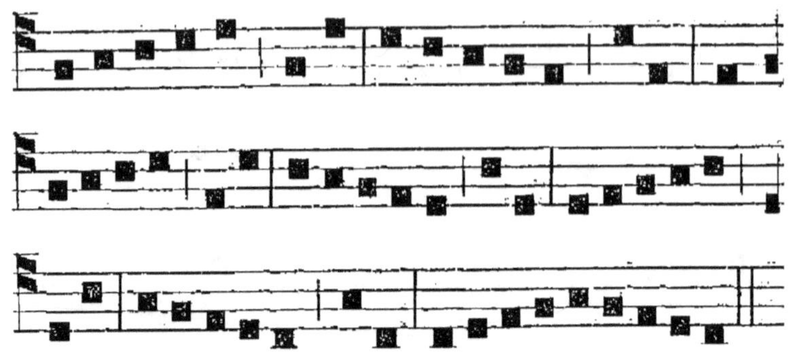

Sixtes.

N° 6.

Septièmes.

N° 7.

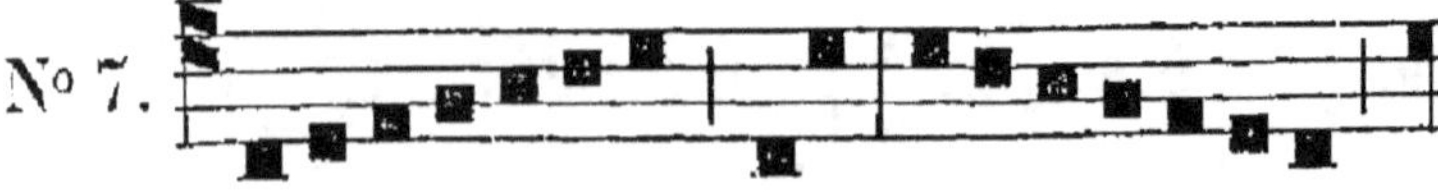

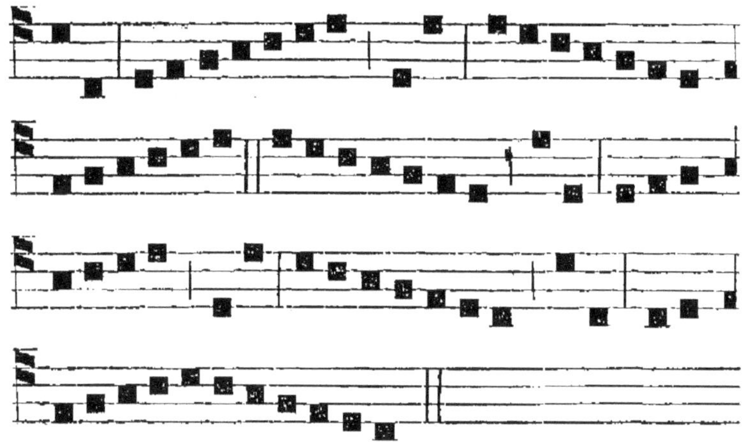

Octave.

Nº 8.

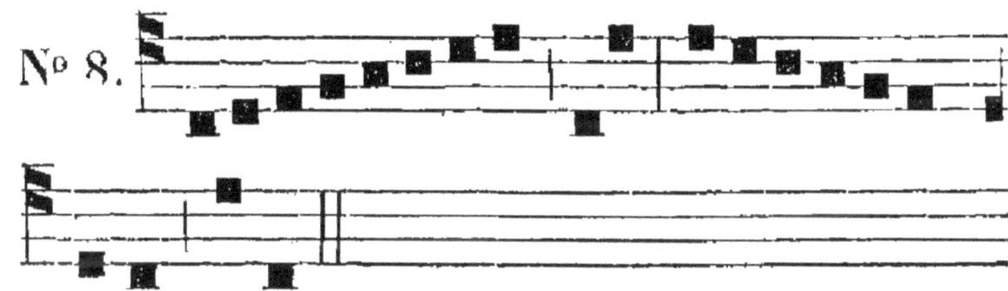

RÉCAPITULATION.

Nº 9.

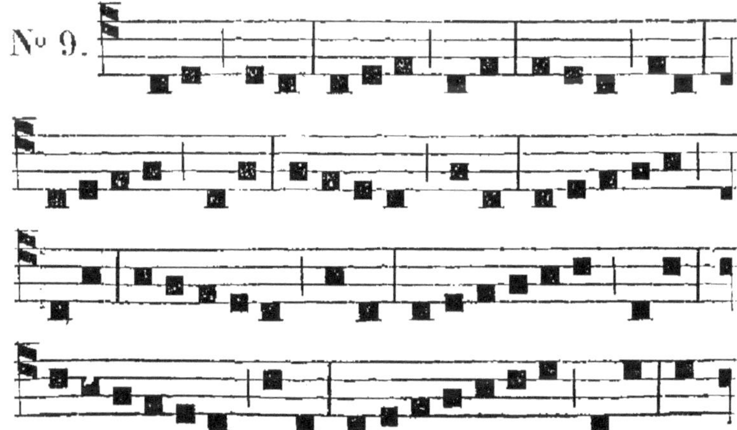

INTERVALLES PAR DEGRÉS DISJOINTS.

Tierces.

Quartes.

Quintes.

No 12

Sixtes.

No 13

Septièmes.

No 14

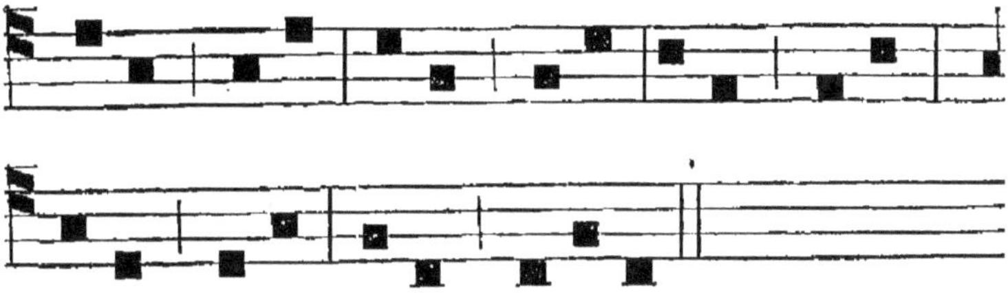

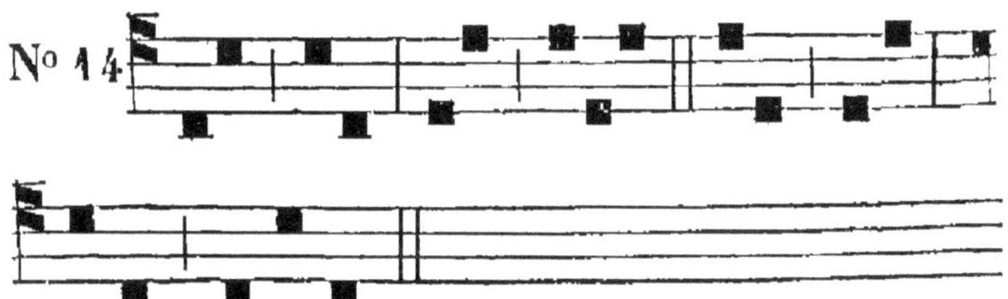

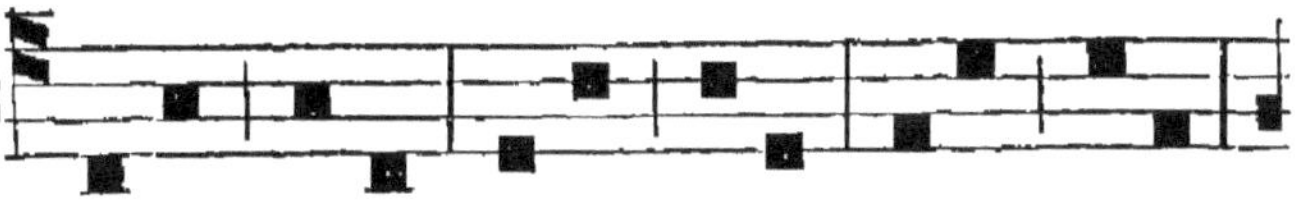

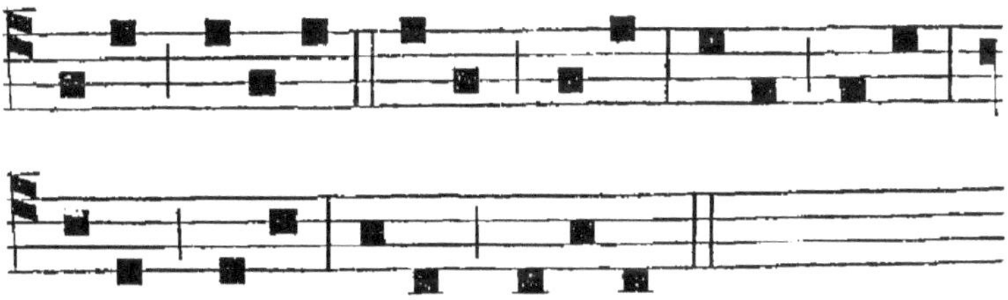

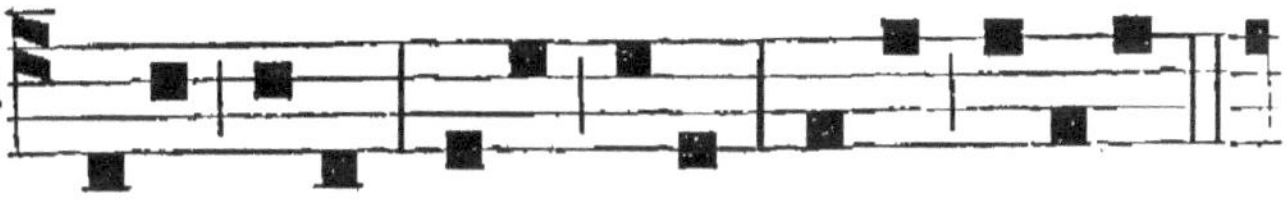

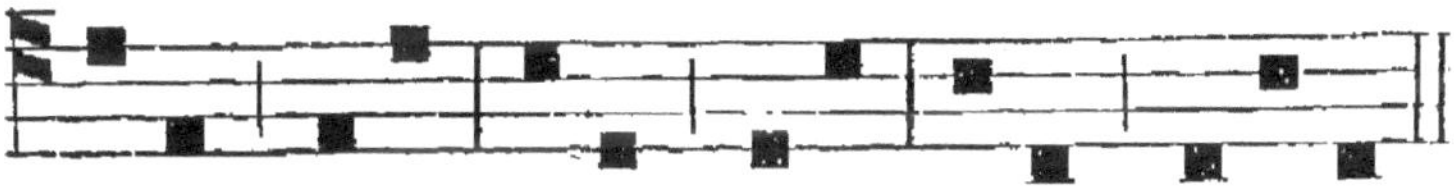

Octaves.

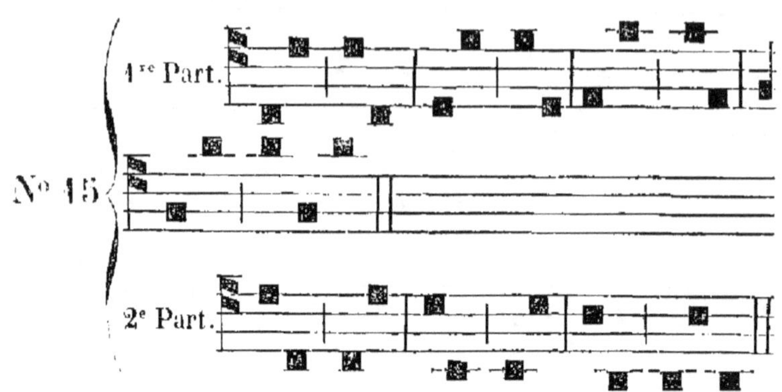

RÉCAPITULATION.

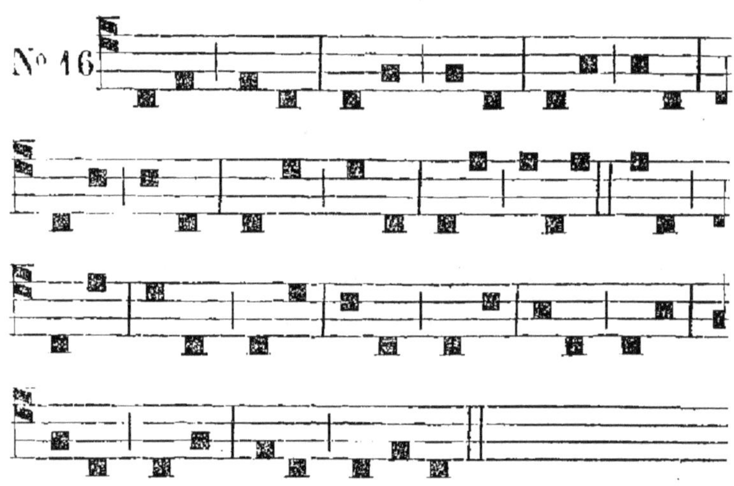

EXERCICE OU L'ON A MÊLÉ LES DIVERS INTERVALLES. (1)

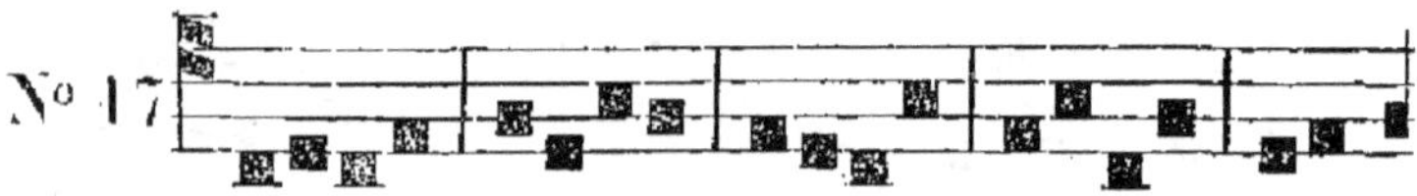

(1) Quand les élèves auront lu cet exercice, il faudra le leur
faire analyser, leur demandant, un à un, les divers intervalles

EXERCICES GRADUÉS. (1)

1re *Série*.

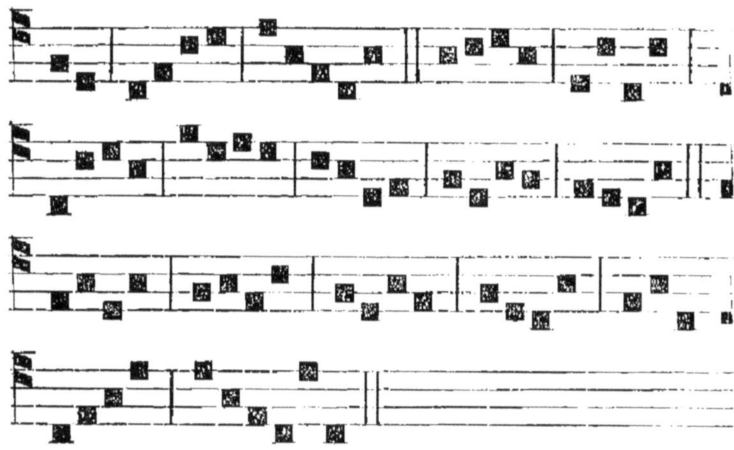

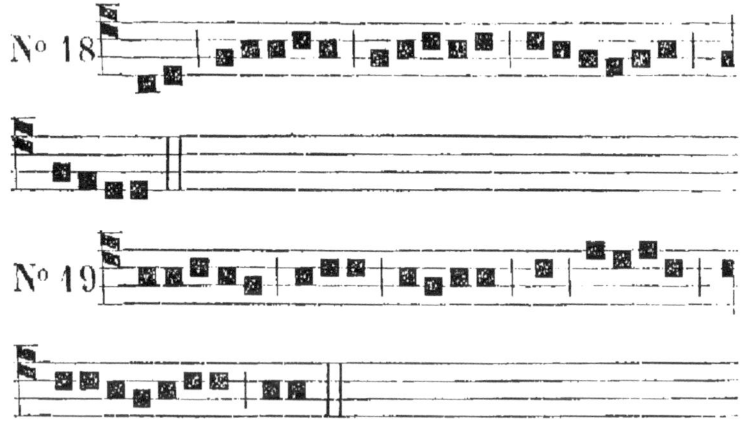

qui le composent, soit par *degrés conjoints*, soit par *degrés disjoints*, leur faisant distinguer le *ton* du *demi-ton*, la *tierce majeure* de la *tierce mineure*, etc. — Même observation pour les exercices suivants.

(1) Ces exercices, extraits de l'antiphonaire et du graduel romains, ont été réduits à notes égales pour la facilité des commençants.

Nº 20
Nº 21
Nº 22
Nº 23
Nº 24
Nº 25

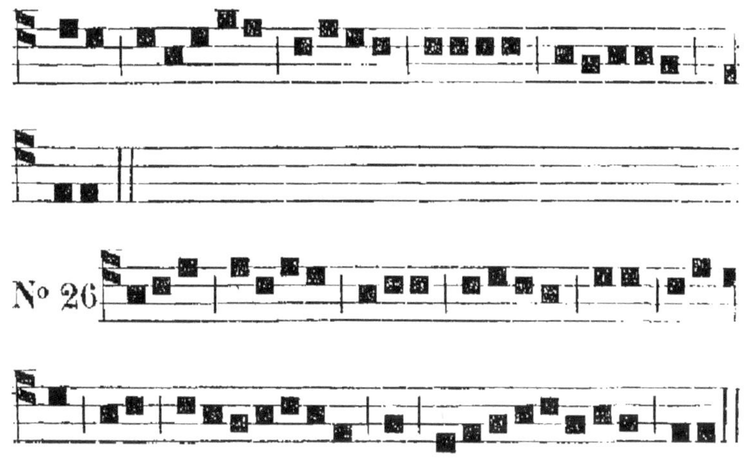

2ᵉ Série.

3.

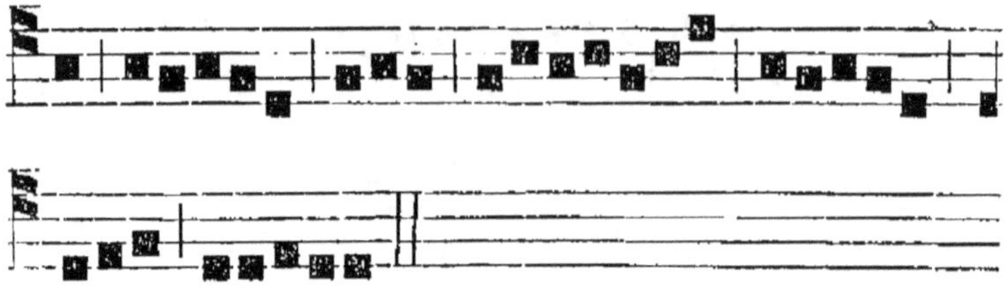

N° 30

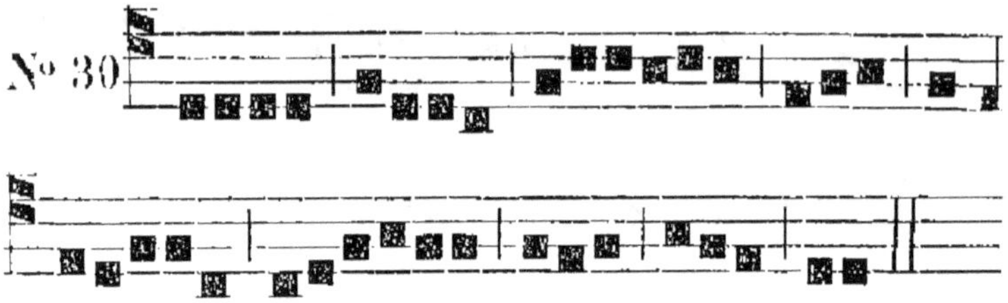

N° 31

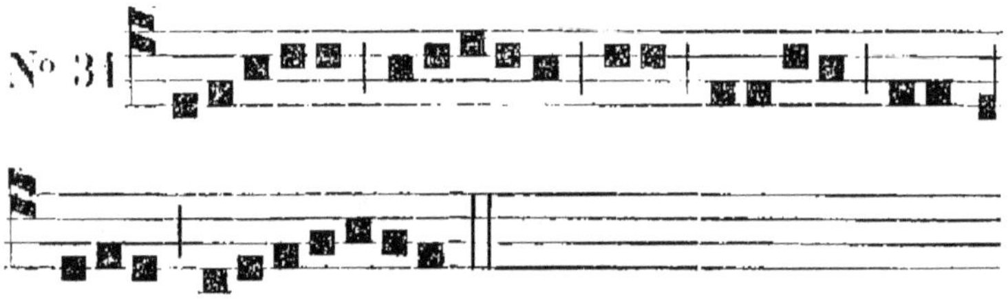

N° 32

3ᵉ Série.

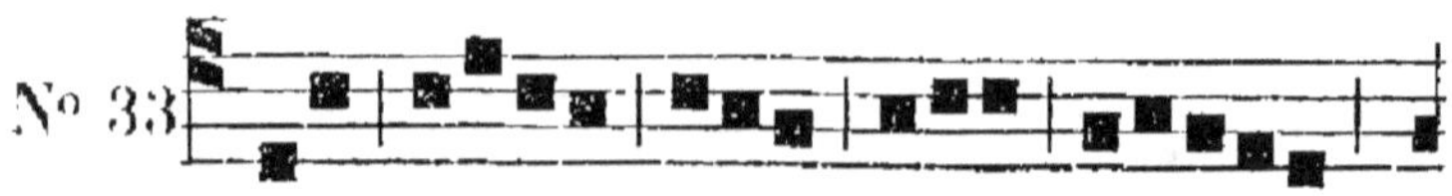

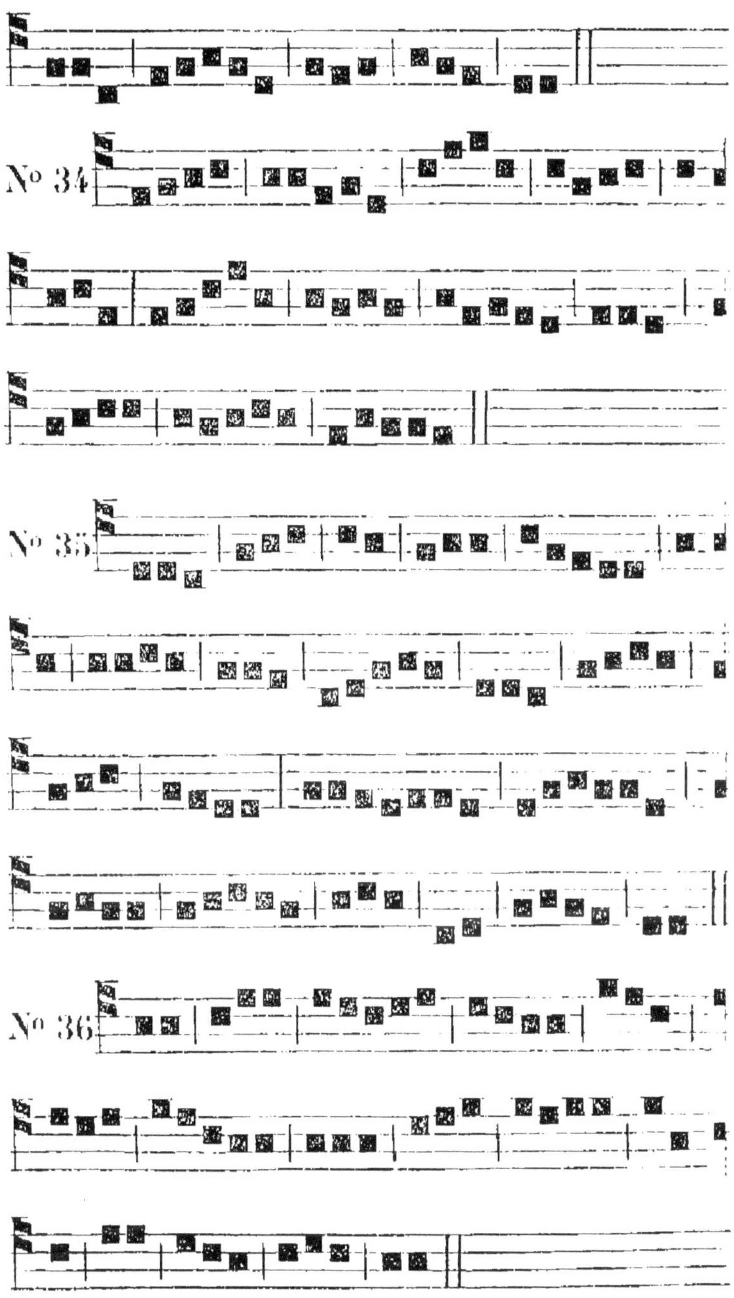

Nº 34
Nº 35
Nº 36

Quand les élèves sauront lire *parfaitement* les 37 exercices précédents, on leur fera lire dans le vespéral et dans le graduel [1] diverses pièces de chant, toujours et uniquement sur la clef d'*ut*, quatrième ligne. Et quand ils seront parvenus à lire couramment les pièces de chant, même les plus difficiles notées sur cette clef, on les fera passer immédiatement à l'exercice de la *solmisation* dont nous allons traiter dans le deuxième article.

ARTICLE II.

SOLMISATION.

La solmisation consiste à nommer les notes en

(1) On aura soin que les élèves aient tous la même édition, ou du moins des éditions exactement conformes les unes aux autres.

donnant à chacune d'elles le son qui lui est propre. — *Solfier* c'est se livrer à l'exercice de la solmisation.

Nous distribuons en quatre sections ce que nous avons à dire au sujet de cet exercice, sur lequel on insistera d'autant plus longtemps qu'il est plus nécessaire et indispensable, car il renferme comme l'essence, la substance du chant.

SECTION Ire — *Voix*.

Il importe, dès les premiers exercices de solmisation, de former la *voix* et de lui procurer, autant que possible, les qualités précieuses dont elle doit être douée sous peine de ne pas atteindre son but, quelquefois même de produire un effet tout contraire à celui qu'on avait en vue. — Or, disons d'abord un mot sur les différentes espèces de voix.

§ Ier — *Différentes espèces de voix*.

On distingue trois espèces de voix : les voix *hautes* ou *aiguës*, les voix *basses* ou *graves*, et les voix *moyennes* ; ces dernières sont les plus répandues. — En général les voix graves et moyennes se trouvent parmi les voix d'hommes, et les voix aiguës parmi les voix d'enfants auxquelles se rapportent les voix de femmes. — Les voix de femmes et d'enfants sont naturellement une octave au-dessus des voix d'hommes.

On distingue en outre dans chaque espèce de

voix les sons de *poitrine* et les sons de *tête*, ainsi nommés parceque les premiers vibrent et résonnent dans la poitrine, tandis que les derniers se forment dans la partie supérieure du gosier (1) et vibrent en grande partie dans la tête. — Ces divers sons peuvent être considérés comme les deux *registres* ou *jeux* de la voix humaine.

Il y a donc dans chaque voix prise individuellement comme deux voix différentes, savoir : la *voix de poitrine* et la *voix de tête* ou *faucet ;* et ces deux voix doivent tellement s'unir et se fondre ensemble, le passage de l'une à l'autre doit être si bien ménagé, qu'elles doivent faire comme une seule et même voix.

Quoique la voix de poitrine soit celle qui convient le mieux au plain-chant et que l'on doit en conséquence plus spécialement cultiver, l'on doit néanmoins habituer les élèves à passer de la voix de poitrine à la voix de tête, toutes les fois qu'il est nécessaire pour produire les sons aigus d'une manière convenable, et sans que la voix devienne criarde.

La voix de poitrine domine chez les hommes et la voix de tête chez les enfants.

§ II. — Qualités de la voix.

Les qualités de la voix sont au nombre de trois : la *justesse*, la *douceur*, la *puissance*.

____

(1) *Gosier*, en latin, *faux, faucis*, d'où le mot *faucet* ou *fausset*.

La *justesse* de la voix est avant tout un don de la nature. Ceux qui ont essentiellement la voix fausse, et le cas est rare, ne pourront jamais bien chanter. Mais dans les cas ordinaires, la voix est susceptible d'acquérir, à l'aide d'une bonne direction, une justesse, une précision, une pureté, une netteté dans les sons que l'on ne saurait assez apprécier, surtout quand il s'agit de chanter en chœur.

Mais la justesse ne suffit pas ; il faut encore que la voix émette les sons avec cette *douceur*, cette suavité qui pénètre les âmes, et les invite aux sentiments de confiance et d'amour dont elles doivent être remplies, en célébrant les louanges d'un Dieu dont nos chants liturgiques exaltent si fréquemment la bonté, la miséricorde.

Il faut enfin que la voix joigne à la justesse et à la douceur la *puissance*, qui empêche la douceur de dégénérer en mollesse et en affectation, et qui imprime au chant ce caractère solennel et majestueux dont l'effet nous saisit et nous rappelle que nous sommes en la présence du Dieu trois fois saint, du Dieu infiniment grand qui daigne, d'une manière ineffable, résider dans nos sanctuaires.

§ III. — *Formation de la voix.*

Pour former la voix et lui procurer les trois qualités dont nous venons de montrer l'importance, l'on doit tenir le corps droit et la tête droite, desserrer les dents et ouvrir modérément la bouche, donner ensuite sa voix naturellement, avec assurance et dans son plein, mais sans rudesse, sans effort et sans cri ; l'on doit attaquer les notes d'une manière franche et nette, sans traîner ni porter la voix. — Pour éviter de forcer la voix, il est nécessaire de prendre le ton moyen, c'est-à-dire, ni trop haut, ni trop bas ; les directeurs du chant doivent faire à cela une grande attention.

La voix des enfants mérite une attention toute spéciale. Ce n'est que vers les six ou sept ans, ou même vers les huit ou neuf ans, que l'on doit commencer à les former au chant. L'on ne forcera jamais leur voix pour les faire chanter à l'aigu. — Il est recommandé de ne pas les faire chanter à l'époque où leur voix mue.

(Voir en outre, pour la formation de la voix, l'Art. III, où il est traité de la *vocalisation*).

§ IV. — *Conservation de la voix.*

Pour conserver la voix, il ne faut pas la prodiguer, la forcer ou la fatiguer par un exercice immodéré ou trop prolongé, surtout dans les tons aigus ; il ne faut pas chanter quand on a la voix enrouée, quand on a le gosier ou la poitrine fatigués, ni à peu de distance des repas et avec l'estomac chargé d'aliments ; il faut se préserver des rhumes, n'user que modérément de vin, de liqueurs fortes , de substances acides , surexcitantes , etc.; il faut éviter tout excès.

SECTION II. — *Procédé et Exercices de la solmisation.*

Comme il y a trois sortes de voix , les voix *hautes*, les voix *moyennes* et les voix *basses* , l'on examinera d'abord l'étendue et la portée de la voix de chacun des élèves en particulier, en lui faisant faire la gamme *ut*, *ré*, *mi* , etc. (pag. 12), sur le ton qui pourra le mieux lui convenir, lui faisant chanter *ut* sur le ton le plus bas où il puisse descendre sans affaiblir ni dénaturer sa voix , et lui faisant parcourir, en montant, les autres notes ou degrés de la gamme.

Après avoir ainsi reconnu l'étendue et la portée de chaque voix en particulier, l'on groupera les voix qui ont la même portée , de manière à les diviser toutes en trois classes , *hautes*, *moyennes* et *basses*.

L'on fera exécuter la gamme en *ut* à toutes les voix *hautes* en même temps , en prenant le ton convenable , et l'on fera répéter cette gamme soit en montant, soit en descendant, jusqu'à ce que les élèves aient bien saisi l'ordre naturel et la différence des tons et des demi-tons , donnant à chacun avec justesse le son qui lui est propre. — L'on passera ensuite de la même manière aux voix *moyennes*, puis aux voix *basses* , en changeant et baissant le ton pour le mettre à la portée des unes et des autres. — Cette précaution est nécessaire pour ne pas fatiguer les voix et pour faciliter leur développement le plus pur et le plus naturel.

Quand les élèves sauront chanter *imperturbablement* (1) la gamme en *ut*, soit en montant, soit en descendant, et qu'ils auront bien saisi la différence des tons et des demi-tons, de manière à les rendre avec *justesse*, il sera temps alors de leur faire *solfier* les divers exercices qu'ils ont déjà lus.

L'exercice N° 1, pag. 19, devra être exécuté par chaque groupe ou classe de voix, séparément, et en variant le ton pour le mettre à la portée des voix; mais en deux fois, à cause des notes qui dépassent la gamme, soit en haut, soit en bas. — L'on exécutera donc la première partie de cet exercice en donnant à l'*ut* d'en bas le ton de la gamme ordinaire, et l'on montera ainsi par degrés jusqu'au *fa* d'en haut; l'on répétera jusqu'à ce que l'on ait bien saisi. — Puis, après un repos convenable, l'on exécutera la deuxième partie de l'exercice en donnant à l'*ut* d'en haut le son du *fa* supérieur que l'on vient de quitter, et l'on s'exer-

______

(1) Les élèves ne devront jamais chanter la gamme seuls, ou du moins en l'absence du maître, jusqu'à ce qu'ils la possèdent imperturbablement de manière à l'exécuter avec une parfaite justesse ; cette précaution leur est indispensable pour se préserver de l'habitude de fausses intonations.

cera à descendre jusqu'au *la* d'en bas. — Ainsi les voix ne seront pas forcées et resteront naturelles.

Après l'exercice N° 1, sur lequel on ne craindra pas d'insister, l'on passera aux autres, observant, pour les *quartes*, de faire le *si* naturel, afin d'habituer avant tout l'oreille au son primitif de cette note, d'autant plus que le *triton* est admis dans le chant musical dont nous donnerons les principes ; et quand on sera arrivé à l'exercice N° 15, l'on mettra en pratique la recommandation que nous venons de faire pour le N° 1. — A l'exception des exercices N° 1 et N° 15, tous les autres pourront être exécutés par les trois classes de voix en même-temps, en observant de prendre le *ton moyen*. — Les intervalles par degrés conjoints n'offriront pas de difficulté ; quant aux intervalles par degrés disjoints, l'on suppléera mentalement les notes intermédiaires et l'on arrivera aisément au son de la note qu'il s'agit d'attaquer.

Enfin, après avoir parcouru suffisamment les 37 exercices, l'on pourra sans peine solfier, dans le vespéral et le graduel, les pièces de chant même les plus difficiles notées sur la clef d'*ut*, quatrième ligne, et en se bornant à celles qui n'ont ni bémol, ni dièze.

SECTION III. — *Exercices avec bémol, dièze et bécarre.*

Après que les élèves auront appris à donner à chaque note le son naturel qui lui est propre, de manière à solfier sans hésitation une pièce de chant même difficile , on leur rappellera la théorie exposée dans le Ch. 1er, Art. ix, pag. 14, etc., sur le *bémol*, le *dièze* et le *bécarre*. — On leur fera solfier ensuite les exercices suivants , jusqu'à ce qu'ils aient bien saisi et qu'ils soient parvenus à rendre parfaitement l'effet que ces signes doivent produire.

EXERCICE AVEC BÉMOL CONTINUEL.

Les exercices avec bémol accidentel seront pris dans le graduel ou le vespéral.

EXERCICE AVEC DIÈZE ET AVEC BÉCARRE.

EXERCICE AVEC BÉMOL, DIEZE ET BÉCARRE.

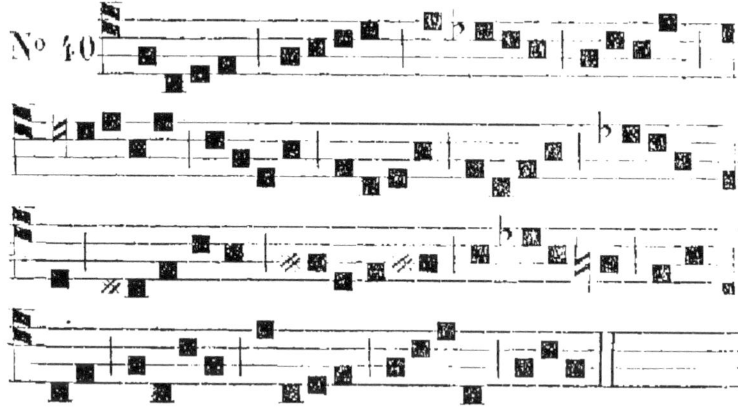

SECTION IV. — *Exercices sur la valeur des notes.*

Il ne reste plus maintenant, pour la parfaite *solmisation*, qu'à observer la *valeur* des notes. — La chose sera très-simple et très-facile, si l'on jette un coup d'œil sur ce que nous avons dit à ce sujet, à la fin de l'Art. IV du Ch. 1ᵉʳ, pag. 11 (1).

L'on pourra désormais solfier indistinctement toutes les pièces de chant notées sur la clef d'*ut*, quatrième ligne, et l'on s'appliquera à les exé-

(1) Ajoutons ici qu'il ne faut pas confondre la note *longue* avec la note *liée* qui lui ressemble par sa forme.

La note *liée*, dont la valeur n'excède pas celle d'une *carrée* simple, se distingue en ce qu'elle est très-rapprochée de la note suivante qui doit être, au moins, à un intervalle de tierce, et qui doit être chantée sur la même syllabe.

La note *longue* est ordinairement suivie d'une brève ; et quand elle est suivie d'une carrée, elle en est un peu séparée, ou du moins cette carrée n'est qu'à un intervalle de seconde.

cuter avec la justesse et la précision convenables,
prenant garde à tout ce que nous avons recommandé pour la formation , le développement de la
voix , etc.

ARTICLE III.

VOCALISATION.

La *vocalisation* est l'exercice intermédiaire entre la solmisation et le chant des paroles. — Elle
contribue aussi à former la voix et à lui faire produire les sons avec cette netteté, cette douceur,
cette plénitude, cette rondeur, qui donnent à la
mélodie la justesse , la beauté , la puissance.

La *vocalisation* consiste donc à substituer aux
syllabes *ut*, *ré*, etc., qui servent à nommer les
notes dans l'exercice de la solmisation, une des
voyelles *a*, *e*, *i*, etc., que l'on répète sur chaque
note , en observant de donner à chaque note le
son qui lui est propre. — On conseille de préfé-
rence ou principalement l'emploi de la voyelle *a*
comme plus propre au développement le plus naturel de la voix.

Cet exercice, qui devra être exécuté avec beaucoup de soin , est fort simple. — Pour y réussir,
tandis que sur chaque note l'on fera sonner la
voyelle *a*, l'on appliquera mentalement à chaque
note la syllabe qui sert à la nommer. Ainsi, par
exemple, pour la gamme, au lieu de chanter,
comme dans la solmisation , *ut*, *ré*, *mi*, *fa*, *sol*,

la, *si*, *ut*, etc., on se contentera de nommer mentalement les notes, et l'on chantera :

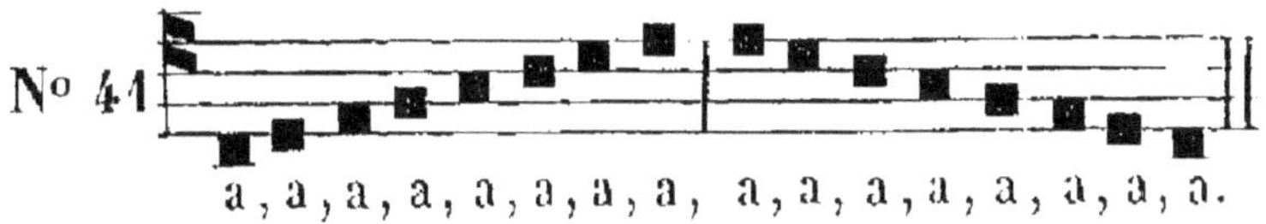

Les exercices notés à la pag. 19 et suivantes, seront d'abord *vocalisés*, puis on viendra successivement jusqu'aux exercices et aux pièces de chant les plus difficiles, toujours sur la clef d'*ut*, quatrième ligne, en observant les bémols, etc., et la valeur des notes.

C'est ici surtout que l'on s'appliquera à former les sons de poitrine qui sont les plus propres à la bonne exécution du plain-chant, à la condition toutefois d'adoucir la voix au besoin.

ARTICLE IV.

CHANT.

La vocalisation conduit comme naturellement au *chant* des paroles. Les élèves habitués à donner aux notes le son qui leur est propre sans les nommer, si ce n'est mentalement, parviennent sans peine à faire entendre sous chaque note, au lieu de la voyelle *a*, une syllabe ou le prolongement d'une syllabe quelconque.

On commence par les pièces de chant où il y a peu de liaisons, de telle sorte que chaque note corresponde à une syllabe , ou du moins que peu de notes soient chantées sur la même syllabe. — Au besoin on solfie d'abord les notes , puis on chante immédiatement les syllabes d'un mot, en leur donnant le son des notes qui y correspondent. Par exemple, si l'on a à chanter l'antienne *Volo, Pater*, l'on solfie *fa, mi*, puis l'on chante le premier mot *Volo;* et en continuant, *ré, ré, Pater, fa, fa, mi, ut ubi*, etc. — On arrive ainsi peu à peu à chanter les paroles, sans avoir recours à la solmisation.

Tandis que les élèves s'exerceront au *chant* des paroles, on les habituera à bien *articuler* toutes les syllabes; — à bien *prononcer* tous les mots, selon les règles usitées de la prononciation latine (1), leur donnant toute leur sonorité, sans affectation; — à *respirer à propos;* — à *ne point couper*, autant que possible, par la respiration, les syllabes d'un même mot; — à *ne point interrompre* les phrases ou les membres de phrases de la mélodie par des repos déplacés, mais à les observer avec intelligence; — dans le cas où plusieurs notes affectent une syllabe, à *ne point*

____

(1) Ainsi la voyelle *e* se prononce en latin comme notre *é* fermé, lors même qu'elle serait surmontée d'un accent grave; si cependant elle est suivie d'une consonne dans la même syllabe, elle se prononce comme notre *è* ouvert. — On doit observer avec le même soin les autres particularités de la prononciation latine.

donner des coups de voix, mais à couler doucement les notes sur la syllabe sans saccader ; et si la syllabe se termine par une consonne, à ne point faire entendre la *consonne finale*, si ce n'est sur la dernière note et au moment où l'on quitte cette syllabe ; — à *chanter exactement ce qui est noté*, sans y introduire aucune altération, aucun changement.

EXERCICES GRADUÉS.

1re *Série.*

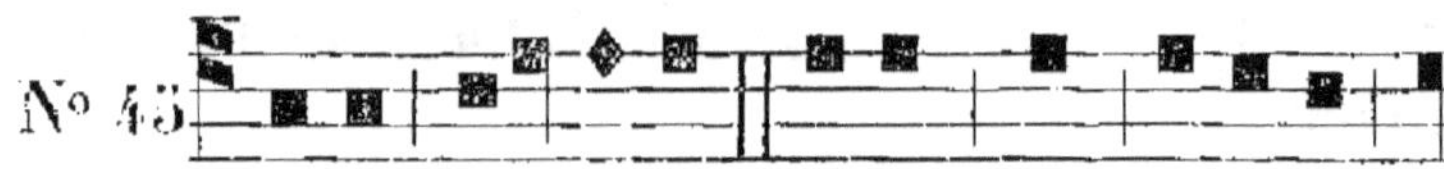

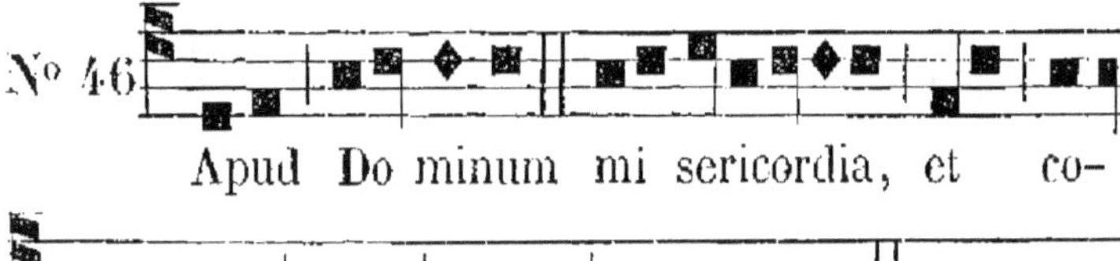

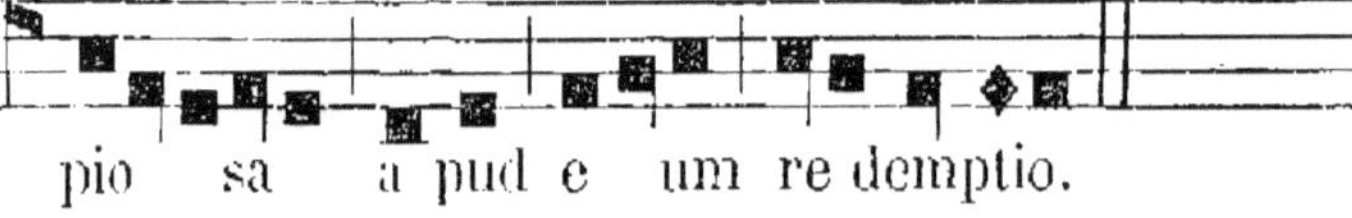

2me Série.

2me Série.

in æternum.

Nº 48
Ecce veniet desideratus cunctis
gentibus: et replebitur gloriâ domus Domini, alleluia.

Nº 49
Lux de luce apparuisti, Chris-
te, cui Magi munera offerunt, alleluia, alleluia, alleluia.

Nº 50
Angelus autem Domini descen-
dit de cœlo, et accedens revolvit la-

pidem, et se de bat su per e um, al le lu ia,

al le lu ia.

3ᵐᵉ Série.

Nº 51 Re sur rexi,   et   ad huc te cum

sum,   al le lu ia : po su i

sti su   per me ma num tu   am,

al le lu ia :   mi ra   bi lis   fac

ia   est sci en ti a tu

a, al le   lu ia,   al le lu ia.

Nº 52 Mi se   ri cor diâ Do mi ni   ple na

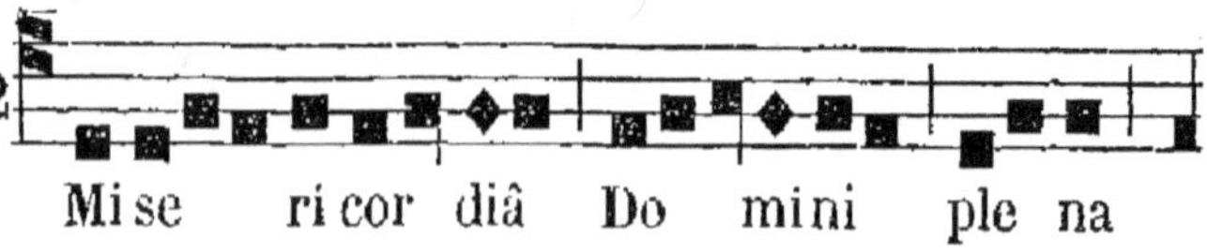

est ter ra, al le lu ia; ver bo Do
mini cœ li fir ma ti sunt, al le
lu ia, al le lu ia.
No 53
Al le lu ia.
℣. Do minus in Si na
in sanc to, as cen dens in al
tum, capti vam du
xit cap ti vi ta tem.

ARTICLE V.

ÉTUDE SPÉCIALE DES CLEFS.

L'on n'exercera les élèves sur les diverses positions de la clef d'*ut* et de la clef de *fa*, que lorsque la clef d'*ut*, quatrième ligne, leur sera tout à fait devenue familière. — Il sera temps alors de les appliquer à une *étude spéciale des clefs*. Nous disons *étude* et non point *exercice*, car les élèves connaissant déjà parfaitement et l'ordre des notes et le son qui leur est propre, à la rigueur un simple calcul, une simple étude peut leur suffire.

Voici l'expédient que nous proposons d'abord pour la clef d'*ut*.

Après avoir trouvé l'*ut* sur la ligne où est posée la clef, il est facile de calculer quelles seront les notes placées sur les autres lignes ; or, la mémoire pouvant aisément retenir le nom et la situation des notes qui seront placées sur les quatre lignes, quant à celles qui seront dans les espaces, elles se montreront en quelque sorte d'elles-mêmes et il sera très-facile de les reconnaître à cause de leur voisinage avec telle ou telle ligne supérieure ou inférieure.

Même calcul pour la clef de *fa*.

Maintenant rendons sensible l'expédient proposé.

On voit que lorsqu'il s'agit de la clef d'*ut*, les notes placées sur les lignes sont, à partir de la ligne où est la clef, en descendant : *ut*, *la*, *fa*, *ré*; et, en montant: *ut*, *mi*, *sol*, *si*. — Pour la clef de *fa*, les notes placées sur les lignes sont, à partir aussi de la ligne où est la clef, en descendant : *fa*, *ré*, *si*, *sol*; et, en montant : *fa*, *la*, *ut*.

Lors donc que l'on veut s'exercer sur une clef ou sur une position que l'on ne connaît point encore, l'on doit remarquer et se rappeler la position de la clef, et bientôt, à l'aide de l'expédient proposé, l'on parvient à se familiariser avec elle.

Les positions les plus usitées sont, pour la clef

d'*ut*, la quatrième et la troisième lignes, et pour la clef de *fa*, la troisième ligne. — La clef d'*ut*, première ligne, est rare; et la clef de *fa*, deuxième ligne, se confond, pour les résultats, avec la clef d'*ut*, quatrième ligne, ainsi que nous l'avons déjà observé (pag. 7.)

Avant de passer à la *Deuxième Partie*, l'on exercera les élèves suffisamment sur les positions usitées de la clef d'*ut* et de la clef de *fa*.

DEUXIÈME PARTIE.

APPLICATION DES PRINCIPES.

Nous avons vu, dans la *Première Partie*, les éléments, les principes de la science du plain-chant. Il s'agit maintenant de les développer, et d'en faire l'application au chant liturgique dont nous allons traiter dans les deux chapitres suivants, et dont la bonne *exécution* suppose la connaissance des *modes*.

CHAPITRE 1er

MODES.

On entend par *modes* ou *tons*, dans le plain-chant, les différentes modulations qui servent à exprimer les divers sentiments de l'âme. — Ils sont basés chacun sur l'une des sept échelles *diatoniques* (1); et ils constituent ainsi la *modalité* ou

(1) Nous donnons ici les sept échelles *diatoniques*, à partir de l'échelle *ré* qui a servi de base au premier mode :

Ré, *mi*, *fa*, sol, la, *si*, *ut*, ré.
Mi, *fa*, sol, la, *si*, *ut*, ré, mi.
Fa, sol, la, *si*, *ut*, ré, *mi*, *fa*.
Sol, la, *si*, *ut*, ré, *mi*, *fa*, sol.
La, *si*, *ut*, ré, *mi*, *fa*, sol, la.
Si, *ut*, ré, *mi*, *fa*, sol, la, si.
Ut, ré, *mi*, *fa*, sol, la, *si*, *ut*.

On remarque la position des demi-tons relativement différente dans ces diverses échelles; c'est ce qui donne aux *tons* formés de chacune d'elles une physionomie, une *manière d'être* particulière, qui les a fait appeler *modes*.

tonalité du plain-chant qui, basée exclusivement sur le système *diatonique*, diffère essentiellement de la *modalité* de la musique actuelle. (Voir l'*Appendice*, sur le *chant musical*, Chap. 1er, Art. 1er).

ARTICLE Ier

MODES EN GÉNÉRAL.

SECTION Ire — *Nombre, espèces et dénominations.*

Il y a huit *modes* ou *tons* dans le plain-chant [1]. — Nous verrons toutefois ci-après la possibilité de quatorze modes.

Il y a deux espèces de modes : les *impairs* que l'on nomme aussi *supérieurs* ou *authentiques*, et qui sont les 1, 3, 5, 7; et les *pairs* que l'on nomme aussi *inférieurs* ou *plagaux*, et qui sont les 2, 4, 6, 8. Ces derniers dérivent des premiers [2].

On attribue les modes *authentiques* à saint Ambroise, et les modes *plagaux* à saint Grégoire.

Le premier mode s'appelle *grave ;* le deuxième *triste ;* le troisième *mystique* (il est très-joyeux); le quatrième, *harmonieux* (mêlé de joie et de tristesse); le cinquième, *joyeux* (on peut cependant le rendre triste); le sixième, *pieux* (il est triste, et toutefois on peut le rendre gai); le septième, *angélique* (il est doux et agréable); le huitième, *parfait* (il est très-doux et très-agréable).

(1) Il ne s'agit, dans cette Section et les deux suivantes, que des *modes réguliers*.

(2) Voir la note de la Section III, pag. 56.

SECTION II. — *Finale et dominante.*

La *finale* est la note qui termine la pièce de chant [1].

La *dominante* est ordinairement la note le plus souvent répétée dans une pièce de chant, et non celle qui est la plus haute.

SECTION III. — *Manière de connaître les modes.*

Pour connaître un mode, il faut chercher et consulter d'abord sa *finale*.

Mais comme la même *finale* sert à deux modes différents, savoir, au mode *supérieur* et au mode *inférieur* qui en dérive, il faut consulter encore la *dominante*.

Or, voici le tableau des *finales* et des *dominantes* des huit modes.

	Finales.	Dominantes.
1er mode	*ré*	*la.*
2e	*ré*	*fa.*
3e	*mi*	*ut.*
4e	*mi*	*la.*
5e	*fa*	*ut.*
6e	*fa*	*la.*
7e	*sol*	*ré.*
8e	*sol*	*ut.*

Il faut enfin consulter la *différence* constitutive du mode [2].

(1) Dans les *répons*, la *finale* est la dernière note de la *réclame*, parceque c'est par elle que se termine la pièce.

(2) Voir la note de la présente Section, pag. 56.

On voit par le tableau des *finales* et des *dominantes* :

1° Que la même *finale* sert au mode *supérieur* et au mode *inférieur* qui le suit (1).

(1) Le mode *supérieur* et le mode *inférieur* qui le suit, ayant l'un et l'autre la même *finale*, il importe de connaitre leur *relation* ainsi que leur *différence* constitutives.

Or, il faut observer que l'échelle du mode *supérieur* peut se diviser en une *quinte* et en une *quarte justes*, à partir de la note la plus grave jusqu'à son octave supérieure. — Prenons pour exemple le 1er mode : du *ré* au *la* il y a une *quinte juste*. du *la* au *ré* une *quarte juste*.

Observons encore que dans un mode quelconque la *finale* est toujours la note la plus grave de la *quinte*.

Observons enfin que le mode *inférieur* se forme du mode supérieur, en ce qu'il a la même *quinte* et en conséquence la même *finale*, et la même *quarte*; et c'est en quoi consiste leur *relation*. — Leur *différence* vient de ce que, dans le mode *inférieur*, la *quarte* est transportée de l'aigu au grave, de cette sorte :

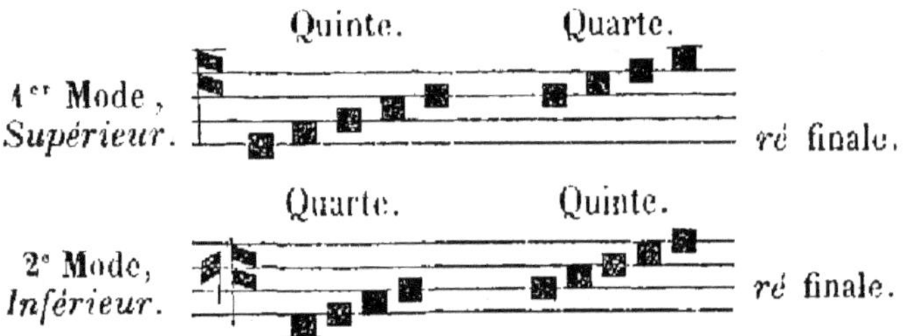

Cet exemple rend sensible ce que nous venons d'exposer.

La *finale* est la même dans les deux modes parceque la *quinte* est la même aussi.

La *quarte* est aussi la même, mais avec cette différence qu'elle est au-dessus de la *quinte* dans le mode *supérieur*, et au-dessous de cette même *quinte* dans le mode *inférieur*; — d'où il résulte que le mode *supérieur* s'élève une *quarte* plus haut que son *inférieur*, et que le mode *inférieur* descend une *quarte* plus bas que son *supérieur*.

Outre la différence qui résulte de la position diverse de la

2° Que la *dominante* des modes *supérieurs* est la *quinte* au-dessus de leur *finale*, à l'exception du troisième qui a l'*ut* au lieu du *si*; et que la *dominante* des modes *inférieurs* est la *tierce* au-dessous de la *dominante* du mode *supérieur* précédent, à l'exception du huitième qui a également l'*ut* au lieu du *si*; le *si* n'ayant pu être admis comme *dominante*, parce qu'il est variable à cause du bémol dont il est susceptible.

3° Que les quatre premiers modes sont *mineurs*, à cause des tierces mineures *ré fa*, *mi sol*; et que les quatre derniers sont *majeurs*, à cause des tierces majeures *fa la*, *sol si*.

4° Que les sept notes *ré*, *mi*, *fa*, *sol*, *la*, *si*, *ut*, pouvant chacune servir de *finale* à deux modes différents, le nombre des modes aurait pu s'élever à quatorze. — Mais on a dû rejeter la *finale si*, comme variable, et pour les quatre autres modes ayant pour *finales la* et *ut*, on les a rapportés à d'autres avec lesquels on leur a trouvé plus ou moins de conformité.

5° Il résulte enfin de ce que nous avons établi dans cette Section III, que des huit modes le plus bas est le deuxième, et le plus haut le septième.

Quand les élèves auront appris la théorie des modes, on les exercera successivement sur des pièces du premier mode, du deuxième, etc., de manière à leur en bien faire saisir le caractère, etc.

quarte, il en est une autre occasionnée par la *dominante* qui n'est pas la même dans les deux modes.

SECTION IV. — *Modes parfaits, imparfaits, surabondants, mixtes, commixtes, transposés, irréguliers.*

Un mode est *parfait*, lorsqu'il monte à l'octave de sa finale, s'il est *authentique;* ou lorsqu'il monte à la quinte et descend à la quarte de sa finale, s'il est *plagal.* — Le mode ne cesserait pas d'être parfait s'il ne dépassait que d'une note au-dessus et au-dessous les limites que nous venons d'indiquer; mais alors il serait à la fois parfait et surabondant.

Un mode est *imparfait*, lorsqu'il ne s'élève pas jusqu'à l'octave de sa finale, s'il est *authentique;* ou lorsqu'il ne descend pas à la quarte au-dessous de sa finale, s'il est *plagal.*

Un mode est *surabondant*, lorsqu'il s'élève au-dessus de l'octave de sa finale, s'il est *authentique;* ou lorsqu'il descend au-dessous de la quarte de sa finale, s'il est *plagal.*

Un mode est *mixte* lorsqu'il descend plus d'un ton au-dessous de sa finale, s'il est *authentique;* ou lorsqu'il s'élève plus d'un ton au-dessus de la quinte de sa finale, s'il est *plagal.* — On voit que dans le mode *mixte*, il y a mélange du mode *authentique* et du mode *plagal* correspondant.

Un mode *commixte* est celui dans lequel se rencontrent des phrases de chant qui appartiennent à un autre mode que son *plagal*, s'il est *authentique;* ou que son *authentique*, s'il est *plagal.*

Un mode *transposé* est celui qui, transporté sur une échelle de sons plus basse ou plus haute, reproduit le mode primitif de telle sorte que les dispositions des tons et des demi-tons soit la même; ce qui exige l'emploi du *si* bémol. — Les huit modes peuvent ainsi être transposés ou une quarte au-dessus, ou une quinte au-dessous de leur finale primitive. — Aujourd'hui la transposition se faisant par l'instrument accompagnateur ou par les voix elles-mêmes quand la nature du morceau ou la portée des voix l'exige, la transposition réelle des modes devient inutile; et en effet, elle est bannie de la plupart des livres modernes.

Un mode *irrégulier* est, dans le sens le plus étendu, celui qui, par sa construction, etc., s'écarte plus ou moins des modes réguliers. — Dans un sens plus restreint on appelle *irrégulier* un mode qui, sans être transposé, a une finale et une dominante différentes de celles des modes réguliers.

Voici les finales et les dominantes des modes *irréguliers* les mieux déterminés.

	Finales.	Dominantes.
1er mode irrégulier..	*la*	*mi*.
2e	*la*	*ut*.
5e	*ut*	*sol*.
6e	*ut*	*mi*.

Les élèves que l'on aura jugés capables d'apprendre ce qui est contenu dans la Section IV, seront exercés sur toutes sortes de pièces prises au hasard dans le graduel ou dans le vespéral. Ils seront interrogés relativement à chaque pièce, sur les diverses particularités dont il a été question dans tout ce 1er Article.

ARTICLE II.

PSALMODIE.

La *Psalmodie* est le chant des psaumes et des cantiques de l'ancien et du nouveau Testament.

La psalmodie est basée sur les règles que nous avons établies pour les huit modes. Comme dans les modes, on y distingue des irrégularités. — Elle occupe, du reste, une si large place dans l'office divin, on remarque des différences si sensibles entre elle et les autres pièces de chant, elle est appelée à produire des effets si beaux et si précieux, qu'on ne saurait l'étudier et s'y exercer avec trop d'ardeur.

Or, comme la psalmodie consiste dans un chant qui revient sans cesse le même, mais avec des modifications occasionnées par le changement des paroles ; comme les psaumes et les cantiques n'ont pu être notés tout au long, il est nécessaire de bien connaître les règles suivantes, que nous allons exposer avec le plus de clarté et le plus d'ordre possibles.

Section Ire — *Règles générales de la psalmodie.*

§ Ier — *Versets.*

Les psaumes et les cantiques sont divisés en *versets*, sur chacun desquels le même chant se répète.

Chaque verset se divise en deux parties séparées par un astérisque, ou par deux points.

§ II. — *Modalité.*

Le *mode* d'un psaume ou d'un cantique est le même que celui de l'antienne qui le précède et qui doit être chantée après lui pour en être comme la conclusion ; de telle sorte que le psaume ou le cantique et l'antienne qui lui est jointe, ne font qu'une même pièce de chant.

§ III. — *Mélodie.*

La *mélodie*, qui est peu développée, comprend quatre choses qu'il est important de distinguer, savoir : l'*intonation*, la *teneur*, la *médiation*, la *terminaison*.

L'*intonation* est le commencement de la mélodie. — La *teneur* est la dominante du mode ; c'est sur elle que se chante le corps du verset. Elle s'étend depuis l'intonation jusqu'à la médiation ; elle reparaît ensuite et se soutient jusqu'à la terminaison. — La *médiation* est une inflexion de la voix sur les syllabes qui précèdent immédiatement l'astérisque. — La *terminaison* est la fin de la mélodie.

§ IV. — *Accentuation.*

L'on doit observer avec soin l'*accentuation*, c'est-à-dire, l'appui de la voix sur les syllabes *fortes*, que l'on appelle aussi *accentuées*, parceque dans plusieurs livres liturgiques on les distingue au moyen d'un accent aigu ; d'où le mot *accentuation*. — Les syllabes *fortes* sont toujours considérées comme *longues*.

Or, il y a dans chaque mot une syllabe forte, et il n'y en a jamais qu'une, quelle que soit d'ailleurs la quantité prosodique à laquelle on n'a égard que pour la pénultième des mots de plus de deux syllabes.

Voici donc les principes de l'accentuation :

1° Les monosyllabes sont considérés assez généralement comme syllabes fortes.

2° Dans les mots latins de deux syllabes la première syllabe est toujours forte [1].

3° Dans les mots latins de plus de deux syllabes la syllabe forte est toujours la pénultième ou l'antépénultième, savoir : la pénultième, si, d'après la quantité prosodique, elle est longue ; et si au contraire la pénultième est brève, d'après la quantité prosodique, l'antépénultième dans ce cas est toujours forte.

[1] Comme dans les mots latins de deux syllabes la syllabe forte ne saurait être douteuse, elle n'est point désignée par l'accent dans les livres liturgiques.

4° Dans les mots de plusieurs syllabes, à l'exception de la syllabe forte ou accentuée d'après les principes que nous venons d'établir, toutes les autres syllabes sont censées plus ou moins brèves.

§ V. — *Rhythme.*

Les principes exposés au § IV précédent sont la plupart des exceptions aux lois de la quantité prosodique, et ne sont admissibles qu'en prose : toutefois ils constituent le *rhythme* de la psalmodie qui est lui-même la base de tout le rhythme du chant liturgique.

§ VI. — *Mots dactyliques.*

En général, dans les *mots dactyliques*, c'est-à-dire, dans les mots de plus de deux syllabes dont la pénultième est brève d'après la quantité prosodique, comme, par exemple, la pénultième *mi* dans le mot *Dominus*, cette pénultième n'est point comptée dans la formation de l'intonation, de la médiation et de la terminaison ; elle est chantée assez généralement sur la même note que la syllabe qui la suit et avec laquelle elle ne compte que pour une seule syllabe.

Section II. — *Règles spéciales de la Psalmodie.*

Ces règles ont rapport à l'intonation, à la teneur, à la médiation et à la terminaison. Elles enseignent la manière de les bien exécuter selon le rit de l'office, la nature des syllabes, et le commencement de l'antienne. (1)

§ I. — *Intonation.*

L'*intonation* est *solennelle* ou *simple.*

L'intonation *solennelle* arrive à la teneur par une modulation. — L'intonation *simple* commence tout droit sur la note de la teneur.

Intonation solennelle.

Intonation simple.

Comme il n'est point permis d'employer arbitrairement l'une ou l'autre intonation, voici à ce sujet les règles que l'on doit suivre, selon le rit romain :

1° Dans les psaumes, et dans les cantiques de l'ancien Testament, l'intonation ne peut jamais être *solennelle* qu'au premier verset, et seulement à *matines*, à *laudes* et à *vêpres*, quand l'office est *double.*

2° A *Benedictus* et à *Magnificat*, l'intonation

—————

(1) L'on aura recours, pour le chant des psaumes et des cantiques, aux vespéraux ou antiphonaires où il est noté selon les divers modes.

doit être *solennelle* à tous les versets , quand l'office est *double* ; seulement au premier verset , quand l'office est *semi-double* ; dans les *simples* et dans les *féries* , elle doit être *simple* à tous les versets. — A *Nunc dimittis*, à *complies*, quel que soit le rit de l'office , l'intonation est toujours *simple*.

<h3 style="text-align:center">§ II. — *Teneur*.</h3>

La *teneur*, quand la psalmodie est régulière , ne subit aucune variation. Elle tient constamment la dominante du mode; d'où lui vient le nom de *teneur*. On la nomme aussi *corde chorale* , parceque c'est elle qui règle le ton du chœur, ainsi que nous le verrons ci-après.

Le chant romain n'a admis qu'une seule psalmodie qui soit *irrégulière*. C'est celle de l'*In exitu*. On y voit après l'astérisque une teneur différente de la première.

Cette psalmodie irrégulière appartient évidemment au premier mode; néanmoins comme son antienne *Nos qui vivimus* n'appartient pas moins évidemment au huitième, l'antiphonaire romain l'a marquée du huitième mode.

§ III. — Médiation.

1° Observons d'abord que dans la médiation du troisième mode, l'on ne doit élever qu'une seule syllabe au-dessus de la teneur et non deux ou trois. Ainsi, par exemple,

2° L'on ne doit pas confondre la médiation du troisième mode avec celle du deuxième, du cinquième et du huitième modes.

3° Lorsque la médiation se termine par un mot hébreu indéclinable, ou par un monosyllabe, on relève la dernière syllabe d'un ton au-dessus de la teneur, mais seulement dans le deuxième, le quatrième, le cinquième et le huitième modes.

4° L'on ne doit jamais élever la médiation au-dessus de la teneur sur la dernière syllabe d'un mot, ni sur une pénultième qui serait brève, mais sur la forte qui précède ; parce que la syllabe sur laquelle la voix s'élève, doit toujours être forte et par conséquent longue. Ainsi, par exemple,

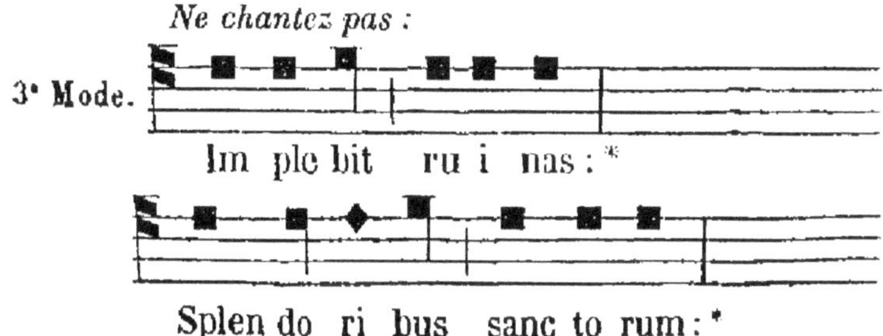

Mais chantez :

§ IV. — *Terminaison.*

1° Nous avons observé déjà (pag. 61) que l'antienne et le psaume ou le cantique ne font qu'une même pièce de chant, de telle sorte que le psaume ou le cantique est toujours suivi de l'antienne qui le complète. — On s'explique ainsi la diversité et la multiplicité des *terminaisons* dans les psaumes et les cantiques. — En effet, il a fallu que la terminaison fût toujours en rapport avec le commencement de l'antienne, et qu'ainsi la terminaison eût pour finale telle ou telle note selon que l'antienne devait commencer par telle ou telle autre note. (1) — Ajoutons que la variété des terminaisons devait naturellement augmenter les ressources et les effets de la psalmodie.

2° On distingue deux sortes de terminaisons : les *complètes*, qui ont pour dernière note la finale du mode ; et les *incomplètes*, dont la dernière note est différente de la finale du mode, laquelle finale se trouve dans ce cas, comme toujours, être la dernière note de l'antienne.

3° Comme l'on se servait autrefois des *lettres* de l'alphabet pour exprimer les notes (voir pag. 9 et 10), l'on a désigné, dans certains livres de chœur, la dernière note de la terminaison par une lettre placée à la suite d'un chiffre qui annonce le mode. — La terminaison complète est indiquée par une *majuscule* et la terminaison incomplète par une *minuscule*. — Ainsi 1 en D, ou 1 D, signifie premier mode en *ré*, qui est la finale du mode : la terminaison est donc complète, et c'est pour cela qu'elle est marquée par une majuscule ; etc.

---

(1) Il n'est donc pas indifférent de chanter les psaumes et les cantiques sur tel ou tel mode, ou avec telle ou telle terminaison ; mais l'on doit se conformer au mode indiqué par l'antienne et à la terminaison marquée avant ou après l'antienne.

4° Pour plus de facilité l'on a indiqué aussi les
notes qui composent la terminaison, au commencement ou à la fin de l'antienne ; on lit sous ces
notes, dans certaines éditions, les voyelles *i i u i a o*
qui signifient *Spiritui Sancto*, ou *e u o u a e* qui
signifient *seculorum. Amen.*

5° Ce que nous avons établi au sujet de la médiation, sous le N° 4 (pag. 67), s'applique aussi
à la terminaison. Il y a exception toutefois pour la
terminaison du quatrième mode.

Quand les élèves auront appris tout ce qui con-
cerne la psalmodie, on les exercera à chanter les
psaumes et les cantiques sur les huit modes, en
observant les diverses intonations, médiations et
terminaisons, etc., jusqu'à ce qu'ils possèdent parfaitement la manière de mettre en pratique les
règles, soit générales, soit spéciales de la psalmodie.

ARTICLE III.

CHANT DES ORAISONS, DE L'ÉPITRE, DE L'ÉVANGILE, ETC.

SECTION Iʳᵉ — *Chant des Oraisons.*

1° Le chant des *oraisons* est *solennel* ou *festiva*
dans les fêtes *doubles* et *semi-doubles* et les *dimanches*, à *matines*, à *laudes*, à la *messe*, à *vé-
pres*, et à la bénédiction du très-saint Sacrement

Il consiste en deux sortes d'inflexions que l'or

bserve, soit dans le cours de l'oraison, soit dans
a conclusion, comme dans l'exemple suivant.

Dans la conclusion *Qui vivis et regnas cum Deo Patre*, etc., l'on n'observe qu'une seule inflexion, et l'on chante :

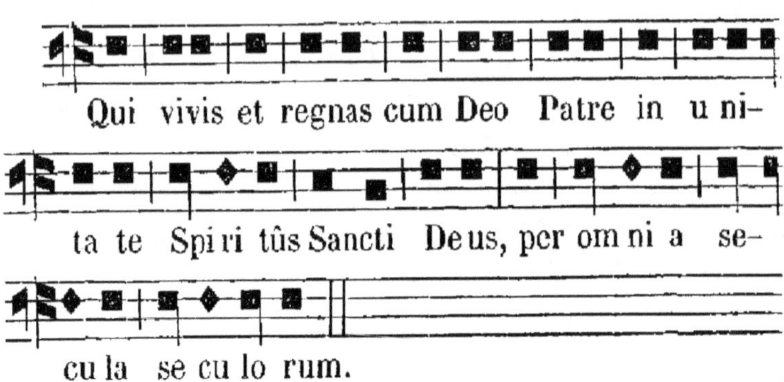

2° Le chant des oraisons est *simple* ou *férial* dans les fêtes *simples* et les *féries*, à toutes les parties de l'office ; aux *messes des morts ;* — et quel que soit le rit de l'office, aux *petites heures*, à *complies*, à l'aspersion de l'eau bénite, à la bénédiction des cierges, et autres semblables cérémonies.

Or, le chant *simple* ou *férial* s'exécute sans aucune inflexion, *recto tono*, d'un bout à l'autre, même à la conclusion. — Un exemple n'est pas nécessaire.

3° Aux *matines*, aux *laudes* et aux *vêpres des morts*, ainsi qu'aux *funérailles*, les oraisons et les versets se terminent de la manière suivante :

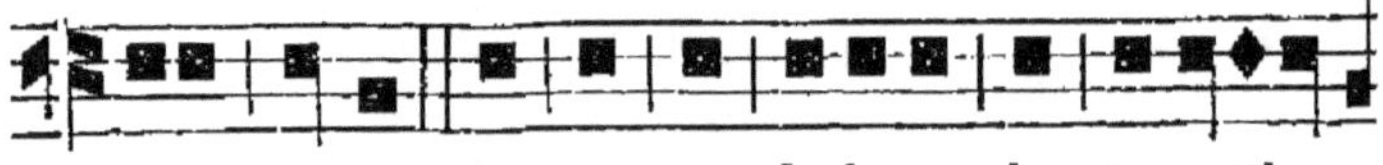

Dans ces divers cas, les oraisons doivent être chantées d'une manière grave et convenable, en observant un repos à la fin de chaque inflexion et surtout de la dernière (2).

Section II. — *Chant de l'Épître* (3).

Quel que soit le rit de la fête, *l'épître* se chante toujours *recto tono*, à l'exception seulement du *point d'interrogation*, comme dans l'exemple suivant.

(1) Cette manière de terminer les versets, aux offices des morts, ne s'observe que dans les versets qui précèdent l'oraison. — Les versets des nocturnes, ainsi que les versets que l'on chante aux laudes et aux vêpres des morts avant les cantiques évangéliques, se terminent comme il sera marqué à la Section V du présent Article.

(2) *Cæremon. Episcop.* Lib. 1, Cap. 27.

(3) Nous donnons le chant romain de l'*Épître*, de l'*Évangile*, etc., d'après le *Directorium Chori* que Giovanni Guidetti, élève du célèbre Palestrina, publia d'après les ordres du pape Grégoire XIII. vers la fin du 16e siècle.

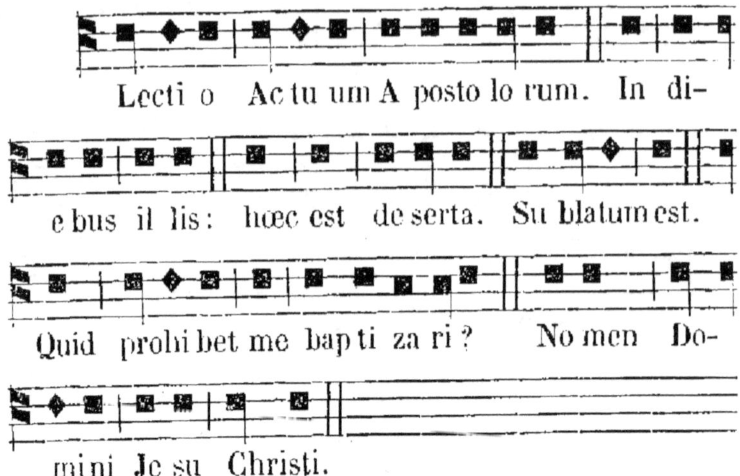

Le chant de l'épitre est donc plutôt une lecture
(*Lectio*), qu'un chant proprement dit. — On
l'exécute d'une manière plus ou moins grave,
selon le degré de la fête, mais sans aucun changement.

Section III. — Chant de l'Évangile.

Il n'y a aussi qu'une seule intonation pour le
chant de l'*évangile*.

Les paroles *Dominus vobiscum*, *Et cum spiritu
tuo*, *Gloria tibi Domine*, se chantent sans aucune
inflexion ; le *point d'interrogation*, comme dans
l'*épître* ; le *point*, et la *conclusion*, comme dans
l'exemple suivant.

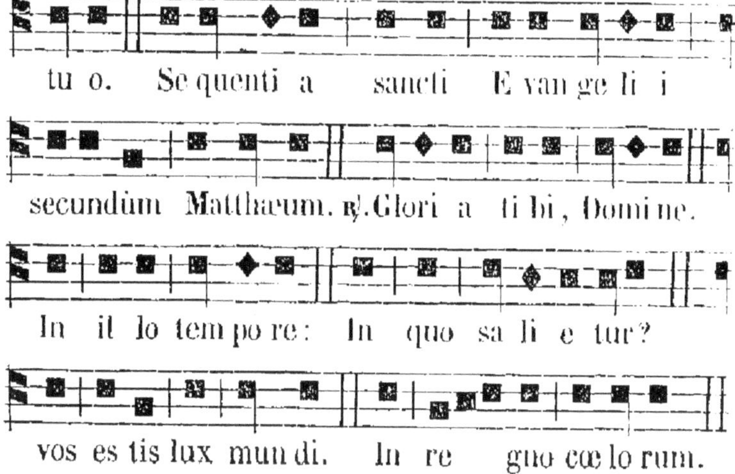

On chante ainsi l'évangile, avec plus ou moins
de gravité, selon le rit de la fête, mais sans y
ajouter aucune autre inflexion.

Section IV. — *Chant du Capitule.*

Le *capitule* se chante toujours *recto tono* jusqu'au dernier mot où l'on observe l'inflexion
suivante.

Si dans le milieu ou à la fin du capitule il se
rencontre un *point d'interrogation*, on observe à

ce point d'interrogation la même inflexion que dans l'épître.

Si le capitule se termine par un *mot hébreu* indéclinable ou par un *monosyllabe*, l'on chante ainsi :

Dans tous les cas, le ℞. *Deo gratias* se chante de la même manière.

SECTION V. — *Chant des Versets.*

On distingue deux sortes de *versets* : les *versets avec neume* et les *versets sans neume*.

§ 1ᵉʳ — *Versets avec neume.*

Les *versets avec neume* se chantent à la fin de chaque *nocturne*, après l'*hymne* des *laudes* et des *vêpres*, et après les *répons brefs* des *petites heures*.

Leur terminaison est *festivale* dans les fêtes *doubles*, *semi-doubles* et les *dimanches; fériale* dans les *simples* et les *féries*.

1° Dans les fêtes doubles, semi-doubles et les dimanches :

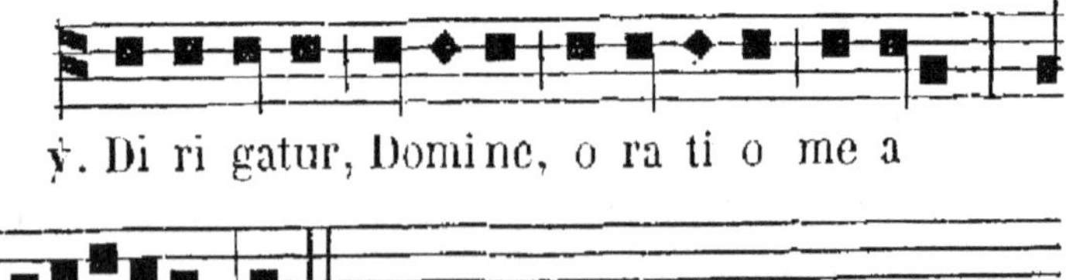

2° Dans les simples et les féries :

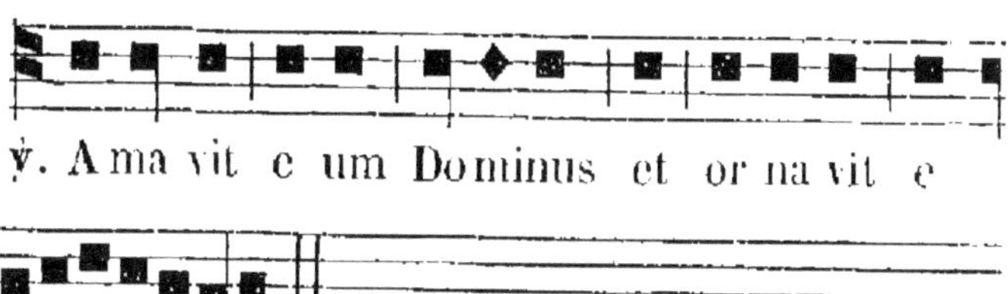

Nota. — A l'office des *morts*, ainsi que dans les trois derniers jours de la semaine sainte, à la fin des *nocturnes*, et aux *laudes* et aux *vêpres* avant les cantiques évangéliques, les versets se chantent ainsi :

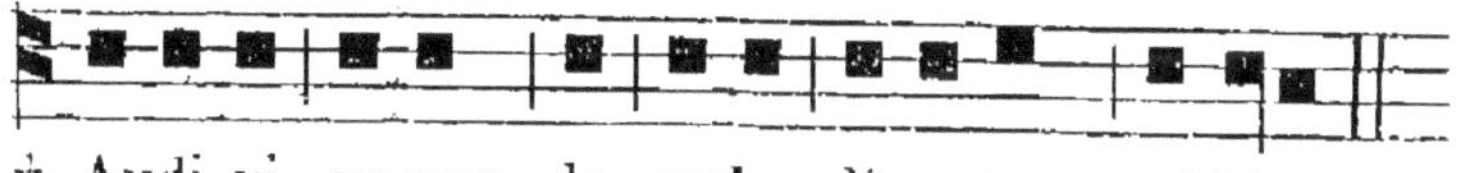

§ II. — *Versets sans neume.*

Les *versets sans neume* se chantent aux *mémoires*, aux *suffrages*, aux *prières* de l'office, après les antiennes de la sainte Vierge, et à la bénédiction du saint Sacrement.

Ils se terminent comme dans l'exemple suivant.

Si le dernier mot est un *monosyllabe* ou un *mot hébreu* indéclinable, on le chante comme il est marqué dans le même cas à la fin du *capitule*.

Section VI. — *Chant de l'Absolution et de la Bénédiction, après chaque nocturne.*

Après les *versets* de chaque *nocturne*, celui qui préside à l'office, chante : *Pater noster*, et ensuite *Et ne nos inducas*, etc.; puis l'*absolution* et la *bénédiction*, de la manière suivante :

Section VII. — *Chant des Leçons et des Prophéties.*

§ Ier — *Leçons.*

Dans le chant des *leçons*, on exécute les *points d'interrogation* comme dans l'*épître ;* et les *mots hébreux* indéclinables ainsi que les *monosyllabes* à la fin des phrases, comme à la fin du *capitule ;* le *point* et la *conclusion*, comme dans l'exemple suivant.

Nota. — Les *leçons* de l'office des *morts*, et des trois derniers jours de la semaine sainte, n'ont pas de *conclusion ;* elles se terminent comme dans l'exemple suivant.

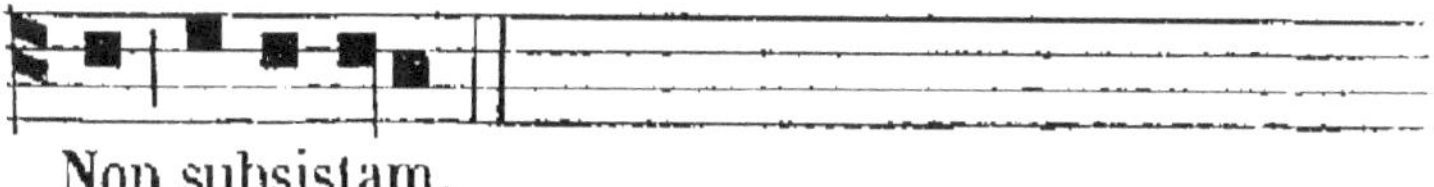

§ II. — *Prophéties.*

Les *prophéties* se chantent comme les *leçons.* — Toutefois comme elles n'ont pas de *conclusion*, il faut observer de les terminer, le samedi saint, comme il vient d'être dit pour les *leçons*, durant les trois derniers jours de la semaine sainte ; et la veille de la Pentecôte, tout droit et sans aucune inflexion.

SECTION VIII. — *Variantes introduites par l'usage dans certains diocèses.*

« Le chant, ainsi que l'observe Mgr Parisis [1], faisant une partie au moins intégrante, sinon essentielle du culte public rendu à Dieu, il a pour sa part l'importance que tout catholique est obligé d'attacher à ce culte lui-même ; l'on peut raisonner du chant absolument comme des cérémonies chrétiennes. »

Le retour aux antiques formules du chant romain doit donc être une conséquence du retour à l'unité liturgique ; il est donc à désirer que les *variantes* introduites par l'usage dans plusieurs diocèses disparaissent, pour faire place au chant traditionnel de l'Église-Mère.

Bornons-nous à citer quelques-unes de ces variantes.

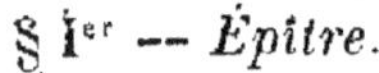

§ 1er — *Épître.*

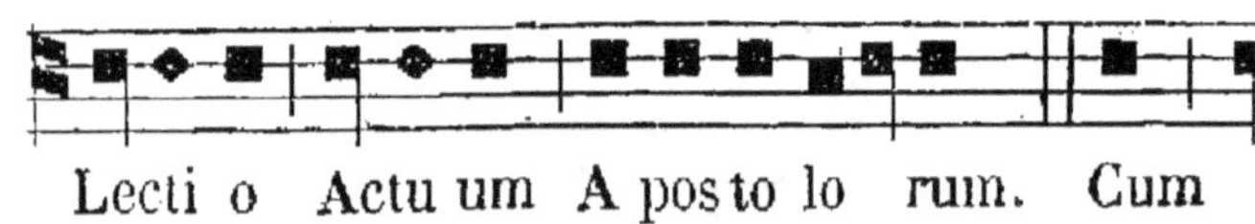

(1) *Instruction pastorale sur le chant de l'Église*, 2e édition, *page* 8.

§ II. — *Évangile.*

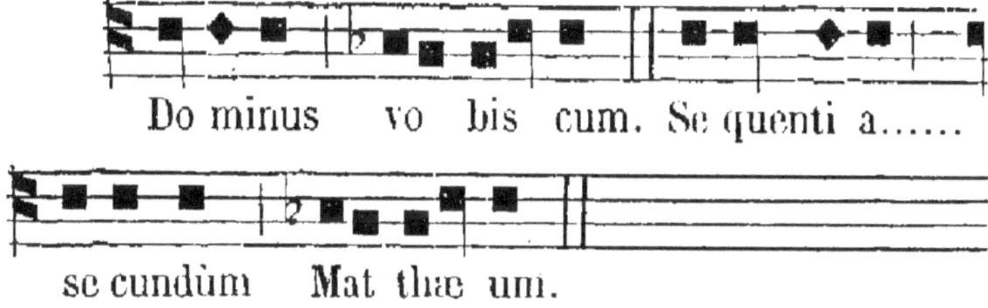

Le *point* se chante comme les paroles qui précèdent ; le *monosyllabe* et le *mot hébreu* indéclinable, le *point d'interrogation* et la *conclusion*, comme dans l'*épître*.

Observons que le *si bémol* qu'on a introduit ici, est en opposition avec les principes du chant grégorien, dont le genre *diatonique* n'admet le *bémol* que dans les deux cas mentionnés aux pag. 14 et suivantes.

§ III. — *Versets.*

Dans les *versets sans neume*, on a introduit aussi un *bémol* que repousse également la tonalité grégorienne, et l'on chante, par exemple :

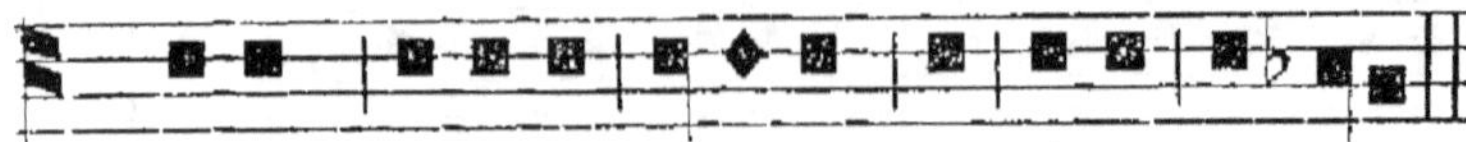

Ce *bémol* reparaît encore aux versets que l'on chante après chaque nocturne, etc., dans les trois derniers jours de la semaine sainte ; et à l'office des *morts*. Exemple :

Tous ces *bémols* sont contraires aux principes, puisqu'ils ne servent à éviter ni *triton*, ni *quinte diminuée*.

CHAPITRE II.

EXÉCUTION.

C'est ici la chose la plus importante et qui mérite le plus d'attention. En effet, de la bonne *exécution* dans l'église dépendent les impressions salutaires que le chant liturgique doit produire durant la célébration des divins offices.

Ainsi, quand les élèves auront appris tout ce qui précède, on devra leur inculquer avec soin les règles, soit générales, soit spéciales, que nous allons exposer dans les deux articles suivants.

ARTICLE Ier

RÈGLES GÉNÉRALES.

Les règles générales sont toutes subordonnées au *goût*.

SECTION UNIQUE. — *Goût*.

S'il est un art où le *goût* doive dominer, c'est assurément l'art qui a le glorieux privilége de chanter les louanges de Dieu : *Quoniam rex omnis terræ Deus, psallite sapienter* (1). — Or, le *goût*, dans les arts, c'est ce jugement pratique, ce sentiment délicat, qui nous fait saisir ce qui convient, et écarter ce qui ne convient pas, selon la nature du sujet et des circonstances.

C'est donc le *goût* qui fixera la manière d'exécuter les différentes espèces de chant, et généralement tout ce que l'on y doit observer.

§ I. — *Différentes espèces de chant.*

Le chant liturgique peut se diviser en quatre différentes espèces.

1re ESPÈCE : Chant exécuté par le chœur tout entier.

C'est le *plain-chant* proprement dit. Il comprend les *antiennes* et les *répons* de la messe et de l'office. Ce chant est essentiellement *grave*, *plain* et *uni* (2). Il est exécuté par le chœur tout en-

(1) *Ps.* 46.

(2) Nous n'entendons point toutefois que ce chant s'exécute à

tier, à l'exception, pour les répons, du verset et du *Gloria Patri* qui ne sont chantés que par deux choristes. — Les antiennes de la messe sont l'*introït* où l'on voit aussi une courte psalmodie, l'*offertoire* et la *communion*. Les répons de la messe sont le *graduel* et l'*alleluia*.

2ᵉ ESPÈCE : Chant exécuté alternativement.

Les *psaumes* et les *cantiques*, les *hymnes* et les *proses* se chantent alternativement par l'un et par l'autre côté du chœur. — L'on doit observer dans les psaumes et les cantiques un repos après la médiation, et un autre repos après le verset ; l'on doit observer aussi un repos après chaque strophe des hymnes et des proses. — Dans ces divers cas, l'on ne doit jamais prolonger le son des syllabes finales. « Que personne, dit saint Bernard, ne prolonge le son de la dernière syllabe, mais que chacun s'arrête aussitôt qu'elle est prononcée[1]. » — Un côté du chœur ne doit commencer un verset ou une strophe que lorsque l'autre côté a entièrement achevé. — Les psaumes et les cantiques, ainsi que les hymnes et les proses, doivent être chantés avec élan et d'une voix animée, plus ou moins selon le rit de l'office, mais toujours avec gravité et sans affectation.

notes constamment égales dont l'effet serait de rendre la mélodie lourde et fatigante : le bon goût y répugne.

[1] S. Bern. ap. card. Bona, de Div. Psalm., Cap. 17.

Le *Kyrie eleison*, le *Gloria in excelsis*, le *Credo*, le *Sanctus* et l'*Agnus Dei*, se rapportent au chant des hymnes et des proses. Mais le *Credo*, comme profession de foi, devrait être chanté d'un bout à l'autre par le chœur tout entier [1].

3ᵉ Espèce : Chant exécuté par une voix seule.

La troisième espèce de chant comprend les parties de la messe ou de l'office qui sont chantées par une voix seule, comme les *oraisons*, la *préface*, le *Pater*, etc. — On doit y observer avec une attention toute spéciale de bien prononcer et de bien articuler, non seulement chaque mot, mais encore chaque syllabe. — Le ton n'en sera ni trop haut, ni trop bas, afin que le chœur puisse facilement répondre. — On y donnera sans affectation l'expression convenable. — On y exécutera religieusement les formules diverses du *chant solennel* ou *simple*, selon le rit de l'office.

4ᵉ Espèce : Chant exécuté en parties ou faux-bourdons.

Il existe une quatrième espèce de chant qui sans être obligatoire est toutefois importante à cause des grands effets qu'elle est de nature à produire. On l'appelle *faux-bourdon*, parcequ'elle

(1) Mᵍʳ Bouvier. *Institutiones theologicæ*, 8ᵃ edit., Tom. 3, pag. 212. — Le Courtier. *Manuel de la Messe*, pag. 218. — Félix Clément, pag. 260. — Adrien de La Fage, pag. 416.

s'exécute en plusieurs parties composées de voix aiguës (voix de tête, *faucet*, *faux faucis*), et de voix graves (comparées au *bourdon*), unies aux voix moyennes auxquelles est toujours réservé le chant de la mélodie : il en résulte une harmonie dont l'effet majestueux relève d'une manière sensible le chant des psaumes et des cantiques. — Le pape Jean XXII en fait l'éloge [1], au quatorzième siècle, mais à condition que la mélodie ou le chant principal n'en souffre aucune altération. — Il faut donc que le chant domine, et que les accords produits par les voix aiguës et par les voix graves se bornent à l'accompagner, sans jamais l'absorber pour en prendre en quelque sorte la place. Il faut en outre que les voix soient bien justes et qu'elles chantent avec un ensemble parfait, mot pour mot, syllabe pour syllabe, surtout à la médiation et à la terminaison.

§ II. — Expression

Le goût se révèle surtout dans l'*expression*. — Or, l'*expression* consiste à rendre par les nuances de la voix les idées et les sentiments qui sont en rapport avec la fête que l'on célèbre et avec le morceau que l'on chante. Ces nuances de la voix consistent à la rendre plus ou moins forte, plus ou moins douce, selon les circonstances que nous venons de mentionner. Mais on tomberait dans

(1) Extrav. comm., Lib. 3, Tit. 1.

une affectation tout à fait déplacée, et indigne de la gravité et de la simplicité du chant liturgique. si l'on voulait imiter par la voix jusqu'aux idées et aux sentiments exprimés par les mots eux-mêmes. — Le chantre doit donc bien plus s'inspirer du caractère général de la fête et du morceau, que des mots en particulier. Il doit sentir vivement au fond de son cœur ce qu'il a reçu la sainte mission de faire sentir aux autres ; il doit pour cela se pénétrer d'avance de l'esprit de la fête, et lire avant l'office, au besoin dans une bonne traduction, les morceaux qui doivent en faire partie.

§ III. — *Tenue.*

La *tenue* est une prolongation de la voix. — Elle se fait généralement sur la note pénultième de toute pièce de chant exécutée, soit en chœur. soit par une voix seule, même des simples versets. et de l'intonation des antiennes. Dans les psaumes et les cantiques, on l'observe à la pénultième de la médiation et de la terminaison de chaque verset. — Lorsque la pénultième est brève, la *tenue* se fait sur l'antépénultième.

. (Voir, en outre, pag. 34, etc., et pag. 44, et 45. ce qui a été dit sur les qualités de la voix, et sur la manière de la diriger pour la bonne exécution du chant ; et pag. 62 et 63, les principes de l'accentuation et du rhythme.)

ARTICLE II.

RÈGLES SPÉCIALES.

Ces règles concernent, les unes, le *directeur* ou *chef du chœur*, les autres le *chœur* lui-même.

SECTION Iʳᵉ — *Chef du chœur*.

Le *chef du chœur* a la charge et la responsabilité de l'exécution. — Il doit être doué d'une voix et d'une oreille très-justes, avoir le goût sûr et connaître à fond les principes du chant liturgique. — Voici en peu de mots les choses principales qui doivent être l'objet de son attention.

§ Iᵉʳ — *Unité*.

L'*unité*, partout si désirable, est dans le chant d'une nécessité absolue et rigoureusement indispensable. Sans elle, en effet, le chant le plus beau, la mélodie la plus suave et la plus ravissante, deviendrait tout à coup une détestable cacophonie, une intolérable torture. — Le chef du chœur doit donc avant tout et à tout prix l'obtenir.

Il doit : 1° faire choix d'une édition qui soit entièrement conforme à celle du lutrin, et veiller à ce que tous les chantres en soient pourvus, à l'exclusion de toutes les éditions qui offriraient des variantes ;

2° Établir, au besoin et selon les ressources, des

chefs secondaires pour diriger et soutenir les voix dans chaque côté du chœur ;

3° Prévoir soigneusement d'avance et apprendre aux chantres à surmonter , par des exercices plus ou moins répétés , les difficultés qui peuvent se rencontrer, par exemple , dans les psaumes qui sont moins en usage , et dans certaines hymnes réformées dont les vers ne contiennent pas toujours le même nombre de syllabes : ce qui oblige à chanter deux syllabes pour une sur la même note, et à faire toute autre combinaison que l'oreille juge nécessaire ;

4° Laisser passer, dans l'exécution , une faute *isolée*, sauf à la relever ensuite en dehors de l'office , plutôt que de troubler le chant ou d'occasionner quelque dissonance.

§ II. — *Ton du chœur.*

Le *ton du chœur* consiste à donner à toutes les *dominantes* des divers morceaux de chant dont se compose l'office , le *son* d'une même note , ni trop haute , ni trop basse , mais proportionnée à la portée des voix.

On comprend que le ton des morceaux qui composent l'office, n'étant pas le même ; que les uns étant notés trop haut et les autres trop bas, eu égard à la majorité des voix , le chef du chœur est obligé à une transposition continuelle. Cette transposition ne doit pas consister à lire les notes

autrement que l'indique leur position, ou à substituer une clef à une autre clef, mais à chanter le
morceau tel qu'il est noté, en haussant ou baissant
le ton d'un bout à l'autre, selon le besoin. —
Ainsi, dans un morceau du 2ᵉ mode qui est le plus
bas et dont la dominante est *fa*, la transposition
s'opèrera en donnant au *fa*, par exemple, le son
du *la* ; et ainsi de toutes les autres notes qui con-
serveront leur nom, mais dont le son sera relevé à
proportion du *fa*. Dans un morceau du troisième
mode dont la dominante est *ut*, on baissera le
morceau tout entier à proportion de la dominante
ut à laquelle on donnera le son du *la* ; et ainsi des
autres [1].

Le *ton du chœur* doit être toujours le même
dans un même office, en ayant soin de donner à
toutes les dominantes des divers modes sur lesquels on aura à chanter, par exemple, le son du
la [2]. — Mais cette règle peut avoir des exceptions : ainsi, dans un même office, si un morceau
monte trop haut ou descend trop bas, on baissera
ou l'on haussera à proportion pour ce morceau le
ton du chœur [3]. A la messe et à l'office des *morts*,

[1] Dans les églises qui possèdent un orgue, ou au moins un
harmonium, la transposition peut se faire sur l'instrument, de
la manière la plus facile, au moyen du *clavier-transpositeur*,
dont la précieuse invention est due à **M.** l'abbé Clergeau.

[2] A défaut d'instrument accompagnateur, on peut se servir
du *diapason* pour trouver le son du *la*, et prendre ensuite le
son du chœur.

[3] Dans la psalmodie, on doit, en général, avoir égard moins

il convient de prendre le *ton du chœur* aussi bas que possible, pour donner au chant quelque chose de lugubre.

Si celui qui entonne une antienne ou une autre partie de l'office que le chœur doit poursuivre, prend le ton trop haut ou trop bas, le chef du chœur doit le modifier en continuant le chant plus bas ou plus haut selon les règles que nous venons d'exposer.

Le chef du chœur doit veiller à ce que le ton ne baisse pas d'une manière sensible dans la psalmodie. S'il s'aperçoit que les voix ont baissé, il doit, autant que possible, ne pas relever le ton brusquement dans le cours d'un psaume, mais d'une manière inaperçue, et en commençant le psaume suivant.

§ III. — *Mouvement.*

Le *mouvement* doit être proportionné au degré de solennité de la fête et de l'office. — Ainsi le chef du chœur le dirigera de manière que l'on chante *lentement*, sans pesanteur néanmoins, aux grandes solennités, et aussi, en tout temps, devant le saint Sacrement exposé, ainsi qu'aux processions; *gravement*, aux fêtes moins solennelles et aux dimanches; *rondement*, mais sans précipitation

à l'antienne, dont la mélodie a quelquefois peu de développement, qu'à la dominante du mode à laquelle elle appartient, puisque c'est sur cette dominante que doit être chanté le corps du psaume ou du cantique.

aux semi-doubles, simples et fériés, et, quel que soit le rit de l'office, aux petites heures et à complies. — Les cantiques évangéliques doivent être chantés plus gravement que les psaumes.

§ IV. — Intonation.

Le chef du chœur aura soin de faire observer ce qui est prescrit pour l'intonation solennelle ou simple des psaumes et des cantiques (pag. 64 et 65).

SECTION II. — Chœur.

Si le chef du chœur a des devoirs à remplir, les chantres ou choristes, et tous ceux qui composent le chœur, doivent rivaliser avec lui de zèle pour la parfaite exécution du chant liturgique. — Nous réduisons leurs obligations à deux points principaux.

§ Ier — Subordination.

La subordination la plus complète, l'ordre le plus parfait, la tenue la plus religieuse doivent régner dans le chœur: In conspectu Angelorum psallam tibi, adorabo ad templum sanctum tuum [1].

On doit les observer aussi au point de vue de la bonne exécution qui exige indispensablement leur concours : en effet, vainement le chef du chœur s'efforcerait-il de la procurer, s'il n'était

____

[1] Ps. 137.

obéi de la manière la plus prompte et la plus absolue, si l'ordre et la bonne tenue ne disposaient ses subordonnés à l'obéissance la plus exacte et la plus rigoureuse.

Il faut donc que les chantres soient entièrement soumis et au chef principal, et aux chefs secondaires établis dans chaque côté du chœur; il faut qu'ils soient attentifs à obéir sans la moindre hésitation à un simple signe, observant et le ton, et le mouvement, etc., indiqués par eux, en un mot s'identifiant de manière à ne faire en quelque sorte qu'un avec eux.

§ II. — *Unité.*

Il ne suffit pas que le chef du chœur s'efforce d'obtenir *l'unité*; les chantres et tous ceux qui composent le chœur, ne doivent rien négliger pour la procurer.

Ainsi, les chantres, en se conformant à leur chef et en s'identifiant en quelque manière avec lui, doivent s'écouter les uns les autres, articuler et quitter simultanément les mots, les syllabes; et pour cela observer la valeur des notes, les repos, et chanter exactement ce qui est noté sans y rien changer ni ajouter; ne pas commencer après les autres et dans le cours d'un morceau, mais tous ensemble et au moment marqué par le chef du chœur; chanter à l'unisson des autres voix, et non à l'octave, encore moins à la tierce ou à la quinte, sous prétexte de faire des *accords* [1].— Il faut que, parmi eux, celui qui n'est pas bien sûr, écoute et suive les autres ; que celui qui a la voix beaucoup plus forte, la modère ; que celui qui a la voix désagréable, l'adoucisse et la rende juste, se bornant à l'unir aux autres voix qu'il doit laisser dominer la sienne. — C'est surtout dans les morceaux à plusieurs parties, dans les faux-bourdons, par exemple, que les voix exécutant une de ces parties doivent bien s'entendre et chanter bien juste, sans se laisser entraîner par les voix qui exécutent les autres parties. Dans ces morceaux, plus encore que dans les autres, l'ensemble est indispensable.

CONCLUSION.

« Les chants grégoriens, dit un homme étranger à nos croyances [2], exhalent tous un parfum de christianisme, une odeur de pénitence et de componction qui d'abord vous saisit. Vous ne dites pas : c'est admirable ! mais peu à peu le retour de ces mélodies monotones vous pénètre et vous imprègne en quelque sorte ; et pour peu que des souvenirs personnels un peu tristes s'y ajoutent, vous vous sentirez pleurer, sans songer

[1] Les *accords* ne doivent se faire que dans les faux-bourdons ou pièces semblables ; ils doivent être prévus et bien préparés d'avance.

[2] M. A. Gueroult. *Revue encyclopédique,* juillet 1832.

seulement à juger, à apprécier, ou à apprendre les airs que vous entendez. »

Avant même l'époque de saint Grégoire, vers la fin du quatrième siècle, un homme qui fut un temps égaré aussi dans les sentiers de l'erreur, et qui devint ensuite l'une des plus brillantes lumières de l'Église [1], s'écriait, en s'adressant à Dieu, dans les heureux jours qui suivirent sa conversion : « combien ai-je versé de pleurs, lorsque, le cœur vivement ému, j'entendais votre Église chanter des hymnes et des cantiques à votre louange ! A mesure que ces sons si doux frappaient mes oreilles, votre vérité s'insinuait dans mon cœur : elle y excitait des sentiments de piété si ardente que les larmes coulaient de mes yeux, larmes délicieuses où je trouvais le bonheur. »

Ce bonheur si pur, si sublime, combien d'autres ne l'ont-ils pas éprouvé ?

« Dans le chant de l'Église, dit saint Bernard [2], les âmes tristes trouvent la joie ; les esprits fatigués, du soulagement ; les tièdes, un commencement de ferveur ; les pécheurs, un attrait à la componction. Quelque dur que soit le cœur des hommes du monde, en entendant une belle psalmodie, ils ressentent toujours au moins quelque commencement d'amour pour les choses de Dieu. Il en est même à qui le seul chant des psaumes

(1) Saint Augustin. *Confess*. Lib. 9, Cap. 6.

(2) Saint Bernard, au 12ᵉ siècle. *Lib. ad sor*. 52

entendu par une simple satisfaction naturelle, a fait verser des larmes de repentir et de conversion. »

Qu'elle est donc puissante, qu'elle est salutaire l'influence du chant liturgique! Combien ne devons-nous pas la développer, en nous efforçant de propager la science et surtout la parfaite exécution de ces mélodies ravissantes, où l'âme exilée sur la terre vient goûter quelques instants de bonheur, où les larmes du repentir se mêlent aux larmes d'une joie pure, où les délices du lieu saint préludent d'une manière ineffable aux délices de la céleste cité !

Aussi, de tout temps, l'Église a-t-elle, par la voix de ses Pontifes et de ses Conciles, proclamé l'importance du chant liturgique; aussi, le dernier et le plus célèbre des Conciles œcuméniques (1) a-t-il fait une obligation expresse d'enseigner le chant dans les séminaires; aussi, de nos jours, l'un des Prélats les plus éminents (2) exprime-t-il « formellement le désir que des leçons de plain-chant soient régulièrement données par tous les instituteurs de son diocèse aux enfants qui leur sont

______

(1) Le Concile de Trente, au 16ᵉ siècle. Sess. 23, Cap. 18, *De reform.*

(2) Mᵍʳ Parisis. *Instruction pastorale sur le chant de l'Église,* deuxième édition, pag. 44.

confiés, et que, dans le cours de chaque semaine, le chant du dimanche suivant soit étudié, préparé, concerté par quelques exercices pris en commun, c'est-à-dire, par de véritables répétitions. »

N'insistons pas davantage, et concluons, en nous souvenant, d'après les paroles du roi psalmiste, que le Seigneur doit être loué dans l'assemblée des saints : *Cantate Domino canticum novum : laus ejus in ecclesiâ sanctorum* (1). Oui, que le zèle de la gloire de Dieu nous excite à célébrer dignement ses louanges ; que des voix nombreuses s'unissent à nos voix ; que nos chants de plus en plus deviennent populaires ; que la piété anime nos chants ; et nos chants produiront les effets les plus précieux : nous aurons la consolation de voir les divins offices plus fréquentés ; le peuple trop longtemps éloigné de nos temples viendra, selon le vœu du saint roi, chanter au Seigneur un nouveau cantique ; il entendra la voix de la religion ; et la religion reprenant sur lui son empire, sera pour lui le principe de nouveaux jours, de jours de salut, que nous ne saurions trop hâter par nos vœux et par nos efforts.

(1) *Ps.* 149.

FIN DE LA MÉTHODE.

APPENDICE.

Chant Musical.

Le *chant musical* ne conserve du plain-chant ordinaire ou proprement dit que les caractères de la notation. Il se confond, du reste, avec la musique dont il suit exactement les règles et dont il revêt les ornements.

Nous allons en exposer brièvement les principes que nous comparerons avec ceux du plain-chant pour en faire saisir la différence. Nous ajouterons quelques observations importantes sur son usage.

CHAPITRE Ier

Différences constitutives entre le chant musical et le plain-chant.

Le chant musical diffère essentiellement du plain-chant par la *modalité* et par la *mesure*.

ARTICLE Ier

MODALITÉ.

1° Le chant musical ou la musique n'admet que deux *modes*, l'un *majeur* et l'autre *mineur*.

— Il est vrai que, par l'emploi du dièze et du bémol, ces deux modes peuvent être transposés plus haut ou plus bas ; mais la position des demi-tons restant toujours relativement la même, tous ces divers modes majeurs ou mineurs ne sont jamais autre chose que la reproduction exacte du mode majeur en *ut*, dont la gamme majeure en *ut* est la base, ou du mode mineur en *la*, dont la gamme mineure en *la* est aussi la base.

Dans le plain-chant, au contraire, il y a huit modes bien différents les uns des autres à cause de la situation diverse des demi-tons [1], le plain-chant étant basé exclusivement sur le système *diatonique* qui n'admet, en général, que les deux demi-tons *naturels* du *mi* au *fa* et du *si* à l'*ut*, quel que soit d'ailleurs le mode, et quelle que soit la gamme qui en est le principe.

2° Dans le chant musical, il y a toujours, en montant de la septième à l'octave, un demi-ton que l'on appelle *note sensible*.

Dans le plain-chant, au contraire, cette *note sensible* manque dans la plupart des modes : cela résulte du système *diatonique* d'après lequel on n'admet, en général, que les demi-tons *naturels*, de telle sorte, par exemple, que dans la gamme en *ré*, la septième de l'*ut* au *ré* sera d'un ton au lieu d'être d'un demi-ton ; de même pour les gammes en *mi*, en *sol*, en *la* et en *si*.

[1] Voir pag. 53 et suivantes.

3° Dans le chant musical, la *dominante* est toujours la quinte au-dessus de la *tonique* ou *finale*.

Dans le plain-chant, au contraire, la *dominante* est tantôt la quinte, tantôt la sixte, la quarte, la tierce, au-dessus de la *finale*, comme on peut en juger par le tableau des finales et des dominantes (pag. 55).

Il résulte de tout cela que l'on doit bien se garder de confondre les modes que nous avons appelés *majeurs* ou *mineurs* dans le plain-chant (pag. 57) avec les modes correspondants en musique, soit à cause de l'absence de la *note sensible* qui manque, en général, dans le plain-chant ; soit à cause de la construction des gammes qui, en général aussi, est différente ; etc. (1)

ARTICLE II.

MESURE.

La *mesure* établit entre le chant musical et le plain-chant une différence analogue à celle qui existe entre le langage en vers et le langage en prose, mais plus marquée encore ; en ce sens que la mesure musicale captive et régularise davantage le mouvement.

Aussi, quoique l'Église ne rejette pas le chant

---

(1) Il est donc nécessaire de se livrer à des études toutes spéciales pour apprendre l'art, devenu si rare, d'accompagner le plain-chant d'après les vrais principes de la tonalité grégorienne

mesuré ou musical, quoiqu'elle ait admis le langage en vers dans ses hymnes, toutefois comme le chant liturgique doit être, avant tout, l'expression de la prière et des sentiments religieux qui ne veulent être asservis ni gênés par aucune entrave, l'Église, dis-je, préfère-t-elle, en général, le plain-chant, dont le *rhythme* irrégulier et en quelque sorte libre se prête merveilleusement aux accents graves, simples et sublimes de la liturgie catholique.

Nous dirons un mot des *valeurs* et ensuite des diverses *mesures.*

Section Ire — *Valeur des notes, des points et des silences*

Dans le chant musical, la *double à queue* vaut deux *longues*, la *longue* deux *carrées*, la *carrée* deux *brèves*, et la *brève* deux *demi-brèves*. — La *double à queue* répond à la *ronde*, la *longue* à la *blanche*, la *carrée* à la *noire*, la *brève* à la *croche*, et la *demi-brève* à la *double-croche*.

Par conséquent, la *double à queue* vaut deux *longues*, ou quatre *carrées*, ou huit *brèves*, ou seize *demi-brèves*; la *longue* vaut deux *carrées*, ou quatre *brèves*, ou huit *demi-brèves*; la *carrée* vaut deux *brèves*, ou quatre *demi-brèves*; et la *brève* vaut deux *demi-brèves*. On peut le voir dans le tableau suivant.

Valeur des notes.

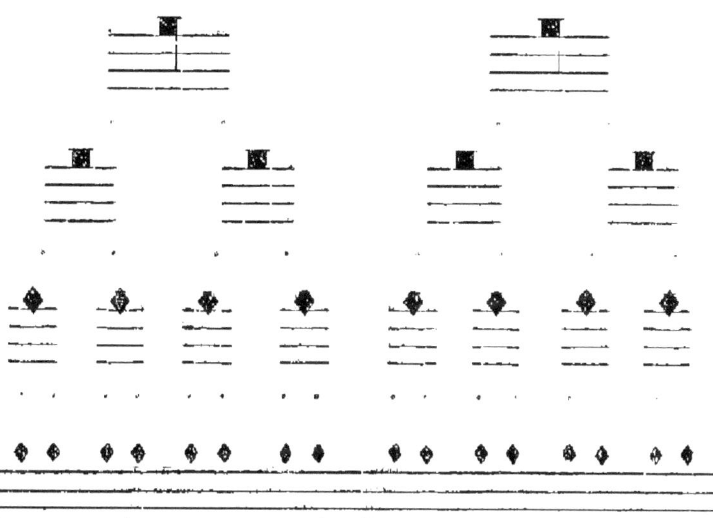

Le *point* placé après une note l'augmente de la moitié de sa valeur.

Il y a plusieurs espèces de *silences* ou signes qui servent à remplir la mesure ou les divers temps dont elle se compose, lorsque le chant est suspendu. — Les *silences* les plus usités sont : la *pause* dont la valeur répond à celle de la *double à queue*; la *demi-pause* dont la valeur répond à celle de la *longue*; le *soupir* à celle de la *carrée* et le *demi-soupir* à celle de la *brève*.

Pause.	Demi-pause.	Soupir.	Demi-soupir.

SECTION II. — *Diverses sortes de mesures.*

La *mesure* sert à déterminer la nature du mouvement, et à le régulariser, à le diviser en temps parfaitement égaux.

On distingue en musique diverses sortes de mesures.

Nous nous bornerons ici à faire connaître les mesures à *quatre temps*, à *trois temps*, à *deux temps* et à *six huit*.

On les désigne au commencement de chaque pièce, immédiatement après la clef, par les chiffres 4, 3, 2, 6
8.

On les marque dans le cours de la pièce par des *grandes barres* [1].

Battre la mesure, c'est distinguer les temps qui la composent, par un mouvement de la main ou du pied.

Dans la mesure à *quatre temps*, la *double à queue* vaut toute la mesure, la *longue* vaut deux temps, la *carrée* un temps, et il faut deux *brèves* ou quatre *demi-brèves* pour remplir un temps.
— On la bat ainsi : on frappe le premier temps, on porte la main à gauche pour le deuxième temps, à droite pour le troisième temps et on la lève pour le quatrième temps.

Dans la mesure à *trois temps*, il faut pour toute

[1] Dans le chant musical, on ne fait pas usage de la *petite barre*.

la mesure trois *carrées*, ou autres notes qui en représentent la valeur. — On frappe le premier temps, on porte la main à droite pour le deuxième temps, et on la lève pour le troisième.

Dans la mesure à *deux temps*, il faut quatre *carrées* dont deux pour chaque temps, ou leur valeur représentée par d'autres notes. — On frappe le premier temps et on lève le deuxième.

Dans la mesure à *six huit*, il faut six *brèves* ou leur valeur pour toute la mesure. — On la bat à deux temps.

CHAPITRE II.

Différences accidentelles entre le chant musical et le plain-chant.

Outre les *différences constitutives* ou fondamentales dont nous venons de parler, il en existe encore quelques autres moins importantes qui consistent en certains *signes* et *ornements* propres au chant musical.

ARTICLE Iᵉʳ

SIGNES.

Ces *signes* sont : le *renvoi*, la *reprise* et le *point d'orgue*, dont la figure et la valeur sont assez connus : aussi nous bornons-nous à les indiquer.

ARTICLE II.

ORNEMENTS.

Le chant musical admet, comme la musique.

divers *ornements* dont la voix ne doit user qu'avec sobriété pour ne pas tomber dans l'affectation.

Ces ornements sont: 1° les *notes d'agrément*, ou petites notes que l'on exécute légèrement et avec grâce, sans nuire toutefois à la mesure, le temps que l'on emploie à exécuter ces notes étant pris sur les notes principales.

2° Le *triolet*, qui consiste à faire passer trois notes pour deux. On le marque du chiffre 3 placé au-dessus des trois notes.

3° La *liaison*, désignée par une courbe que l'on pose au-dessus des notes qui doivent être liées.

4° La *cadence*, que les auteurs modernes appellent *trill* ou *trille*, est un tremblement de la voix. On l'indique par une petite croix.

5° Le *port de voix*. Il consiste à passer d'une note à une autre note en anticipant le son de la seconde note.

6° Les *sons filés* ou *enflés*. On les produit en augmentant d'abord le son de la voix et le diminuant ensuite.

Il est des auteurs qui admettent la plupart de ces ornements dans l'exécution du plain-chant quand c'est une voix seule qui chante. Dans tous les cas, on ne doit jamais en user qu'avec modération et avec bon goût. (1)

(1) Le chant musical ne différant de la musique que par les caractères de la notation, on conçoit qu'un élève qui possède bien les principes du plain-chant et du chant musical, puisse en peu de temps se familiariser avec les caractères de la musique;

OBSERVATIONS
sur l'usage du chant musical.

1° Comme, dans la célébration des divins offices, le plain-chant est, en général, préférable au chant musical, l'on ne doit user de ce dernier qu'avec discrétion et avec convenance.

Ainsi, l'on ne doit pas recourir trop souvent au chant musical; et, en outre, l'on doit faire un choix judicieux des diverses compositions musicales. L'on doit prendre garde que le chant, surtout quand il est à plusieurs parties, n'étouffe ni ne dénature les paroles : l'on doit en conséquence préférer le *contre-point simple* au *contre-point figuré* (1).

2° L'on doit n'introduire dans l'église que la musique vraiment religieuse, éloignée des airs mondains qui n'ont pour résultat que d'agiter et

et réciproquement que celui qui possède bien les principes de la musique, puisse en peu de temps lire et exécuter le plain-chant, mais en faisant la part des différences que nous avons constatées dans cet *Appendice*.

(1) Il fut un temps où les notes étaient marquées par des *points :* de là l'origine du mot *contre-point*, pour exprimer un chant à plusieurs parties, parce que, dans cette sorte de chant, il y avait *point* contre *point*, c'est-à-dire, note contre note. — Le *contre-point simple* est celui où les parties vont toujours ensemble, note pour note, syllabe pour syllabe. Le *contre-point figuré* ou *fleuri* est celui où, les parties procédant par des valeurs et des rhythmes différents, les paroles se croisent et s'entremêlent de manière à produire quelquefois une véritable confusion.

de flatter les sens, et de dissiper l'esprit, au détriment de la religion et de la piété. — Que la gravité soit toujours le caractère distinctif des chants qui s'exécutent dans le lieu saint, ou à la louange de la majesté divine. Que le chant musical soit toujours composé et exécuté de manière à porter l'âme au recueillement et à la prière.

3° Ce que nous venons d'observer, dans le N° précédent, doit s'appliquer à proportion à l'instrument accompagnateur, à l'orgue, dont les accents ne devraient jamais s'écarter du caractère grave et religieux qui seul lui convient.

Ces observations nous paraissent conformes au bon goût et aux convenances religieuses. Elles sont, du reste, basées sur les recommandations expresses du saint Concile de Trente(1), et encore sur des décisions récentes émanées du Saint-Siége (2), et des Prélats les plus éminents (3).

(1) Concil. Trid. *Sess.* 22, *De sacrif. miss.*

(2) *Constitution* de Benoit XIV, du 19 février 1749.
Notification publiée à Rome, le 16 août 1842, par le cardinal Patrizi, vicaire général du pape Grégoire XVI.
Circulaire sur la musique ecclésiastique publiée par son E. le cardinal vicaire, avec l'agrément de Sa Sainteté Pie IX, le 18 novembre 1856.

(3) *Décret* du cardinal Sterckx, archevêque de Malines, 26 avril 1842.
Instruction pastorale de M⁹ʳ Parisis, évêque d'Arras, pag. 30 et suiv.. et encore pag. 58 et suiv. — 2ᵉ édition, 1854.

FIN DE L'APPENDICE.

—

TABLE.

DEUXIÈME PARTIE.

APPLICATION DES PRINCIPES.

APPENDICE.

CHANT MUSICAL.

FIN DE LA TABLE.

MODES ORATORIENS

ET AUTRES.

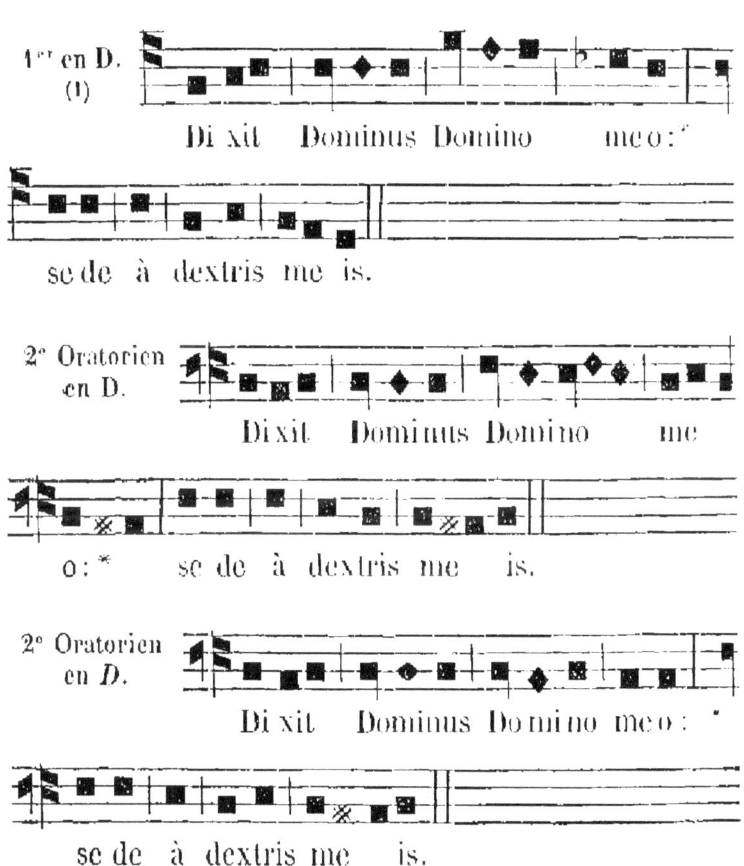

3e Parisien en E.
Dixit Dominus Domino meo:* se-
de à dextris me is.
5e Parisien en F.
Dixit Dominus Domino meo:* se-
de à dextris me is.
5e Viennois en F.
Dixit Dominus Domino meo:* se-
de à dextris me is.
5e Oratorien en F.
Dixit Dominus Domino meo:* se-
de à dextris me is.
5e Oratorien en F.
Dixit Dominus Do mino meo:* se-
de à dextris me is.

CHANT DU MISERERE.

2e Oratorien
en D.
Mi se re re me î, De us, * se
cun dum magnam mi se ri cor di am tu am
5e Oratorien
en F.
Mi se re re me î, De us, * se cun-
dùm magnam mise ri cordi am tu am.

FRÉJUS. — Imp. Ecclésiastique d'Esprit PERREYMOND.